AF619646

DÉFENSE
DE
L'ESPRIT DES LOIX,

A laquelle on a joint quelques ECLAIRCISSEMENS.

Le prix est de trente sols broché.

---

par Mr. de Montesquieu.

A GENEVE,
Chez BARRILLOT & FILS.

M. DCC. L.

DEFENSE
DE
L'ESPRIT DES LOIX.

PREMIERE PARTIE.

ON a divisé cette Défense en trois parties. Dans la premiere on a répondu aux reproches généraux qui ont été faits à l'Auteur de l'Esprit des Loix. Dans la seconde on répond aux reproches particuliers. La troisieme contient des réflexions

xions ſur la maniere dont on l'a critiqué. Le Public va connoître l'état des choſes, il pourra juger.

I.

QUOIQUE l'Eſprit des Loix ſoit un ouvrage de pure politique & de pure juriſprudence, l'Auteur a eu ſouvent occaſion d'y parler de la religion chrétienne : il l'a fait de maniere à en faire ſentir toute la grandeur ; & s'il n'a pas eu pour objet de travailler à la faire croire, il a cherché à la faire aimer.

Ce-

Cependant dans deux feuilles (*) périodiques qui ont paru coup ſur coup, on lui a fait les plus affreuſes imputations. Il ne s'agit pas moins que de ſavoir, s'il eſt Spinoſiſte & Déiſte ; & quoique ces deux accuſations ſoient par elles-mêmes contradictoires, on le mene ſans ceſſe de l'une à l'autre. Toutes les deux étant incompatibles, ne peuvent pas le rendre plus coupable qu'une ſeule, mais toutes les deux peuvent le rendre plus odieux.

Il eſt donc Spinoſiſte, lui

(*) L'une du 9 Octobre 1749, l'autre du 16 du même mois.

qui dès le premier article de ſon livre, a diſtingué le monde matériel d'avec les intelligences ſpirituelles.

Il eſt donc Spinoſiſte, lui qui dans le ſecond article a attaqué l'Athéiſme. *Ceux qui ont dit qu'une fatalité aveugle a produit tous les effets que nous voyons dans le monde, ont dit une grande abſurdité : car quelle plus grande abſurdité, qu'une fatalité aveugle, qui a produit des Etres intelligens ?*

Il eſt donc Spinoſiſte, lui qui a continué par ces paroles: *Dieu a du rapport à l'Univers, comme Créateur & comme Conſerva-*

ſervateur (*) ; *les Loix ſelon leſquelles il a créé , ſont celles ſelon leſquelles il conſerve ; il agit ſelon ſes regles , parce qu'il les connoît ; il les connoît , parce qu'il les a faites ; il les a faites , parce qu'elles ont du rapport avec ſa ſageſſe & ſa puiſſance.*

. Il eſt donc Spinoſiſte , lui qui a ajoûté: *Comme nous voyons que le monde* (†) , *formé par le mouvement de la matiere & privé d'intelligence , ſubſiſte toûjours* , &c.

Il eſt donc Spinoſiſte , lui

(*) Livre I , Chapitre I.
(†) Livre I , Chapitre I.

qui a démontré (*) contre Hobbes & Spinosa, *que les rapports de justice & d'équité étoient antérieurs à toutes les Loix positives.*

Il est donc Spinosiste, lui qui a dit au commencement du Chapitre second : *Cette Loi, qui en imprimant dans nous-mêmes l'idée d'un Créateur nous porte vers lui, est la premiere des Loix naturelles par son importance.*

Il est donc Spinosiste, lui qui a combattu de toutes ses forces le paradoxe de Bayle : qu'il vaut mieux être Athée

(*) Livre I, Chapitre 1.

qu'Iqu'Idolâtre ? Paradoxe dont les Athées tireroient les plus dangereuses conséquences.

Que dit-on après des passages si formels ? Et l'équité naturelle demande, que le degré de preuve soit proportionné à la grandeur de l'accusation.

PREMIERE OBJECTION.

L'Auteur tombe dès le premier pas ; les Loix dans la signification la plus étendue, dit-il, *sont les rapports nécessaires qui dérivent de la nature des choses. Les Loix des rapports ! cela se conçoit-il ? .... Cependant l'Auteur n'a pas changé la définition ordinaire des Loix sans dessein. Quel est donc son but ? le voici : Selon le nouveau système, il y a entre tous les Etres, qui forment ce que Pope appelle le Grand-Tout, un enchaînement si nécessaire, que le moindre dérangement porteroit la confusion jusqu'au Thrône du premier Etre ; c'est ce qui fait dire à Pope, que les choses n'ont pû être autrement qu'elles ne sont, & que tout est bien comme il est. Cela posé on entend la signification de ce langage nouveau, que les Loix sont les rapports nécessaires qui dérivent de la nature des choses ; à quoi l'on ajoûte que dans*

ce

ce ſens tous les Etres ont leurs loix, la divinité a ſes loix, le monde matériel a ſes loix, les intelligences ſupérieures à l'homme ont leurs loix, les bêtes ont leurs loix, l'homme a ſes loix.

R EPONSE.

Les ténebres mêmes ne ſont pas plus obſcures que ceci. Le Critique a oüi dire, que Spinoſa admettoit un principe aveugle & néceſſaire qui gouvernoit l'univers ; il ne lui en faut pas davantage : dès qu'il trouvera le mot néceſſaire, ce ſera du Spinoſiſme. L'Auteur a dit que les Loix étoient un rapport néceſſaire ; voilà donc du Spinoſiſme, parce que voilà du néceſſaire : & ce qu'il y a de ſurprenant, c'eſt que l'Auteur chez le Critique ſe trouve Spinoſiſte à cauſe de cet article, quoique cet article combatte expreſſément les ſyſtêmes dangereux. L'Auteur a eu en vûe d'attaquer le ſyſtème de Hobbes, ſyſtème terrible, qui faiſant dépendre toutes les vertus & tous les vices de l'établiſſement des Loix que les hommes ſe ſont faites, & voulant prouver que les hommes naiſſent tous en état de guerre, & que la premiere Loi naturelle eſt la guerre

guerre de tous contre tous ; renverse comme Spinosa & toute religion & toute morale. Sur cela l'Auteur a établi premierement, qu'il y avoit des Loix de justice & d'équité avant l'établissement des Loix positives ; il a prouvé que tous les Etres avoient des Loix ; que même avant leur création ils avoient des Loix possibles ; que Dieu lui-même avoit des Loix, c'est-à-dire les Loix qu'il s'étoit faites. Il a démontré (*), qu'il étoit faux que les hommes naquissent en état de guerre ; il a fait

(*) Au Livre I, Chapitre 1.

voir

voir que l'état de guerre n'avoit commencé qu'après l'établissement des sociétés, il a donné là-dessus des principes clairs ; mais il en résulte toûjours que l'Auteur a attaqué les erreurs de Hobbes, & les conséquences de celle de Spinosa, & qu'il lui est arrivé qu'on l'a si peu entendu, que l'on a pris pour des opinions de Spinosa les objections qu'il fait contre le Spinosisme. Avant d'entrer en dispute, il faudroit commencer par se mettre au fait de l'état de la question, & savoir du moins si celui qu'on attaque est ami ou ennemi.

SE-

SECONDE OBJECTION.

Le Critique continue : *Sur quoi l'Auteur cite Plutarque, qui dit, que la Loi est la Reine de tous les mortels & immortels. Mais est-ce d'un Payen*, &c.

REPONSE.

Il est vrai que l'Auteur a cité Plutarque, qui dit, que la Loi est la Reine de tous les mortels & immortels.

TROISIEME OBJECTION.

L'Auteur a dit, que *la création, qui paroît être un acte arbitraire, suppose des regles aussi inva-*

invariables que la fatalité des Athées. De ces termes le Critique conclut, que l'Auteur admet la fatalité des Athées.

Reponse.

Un moment auparavant il a détruit cette fatalité par ces paroles : *Ceux qui ont dit, qu'une fatalité aveugle gouverne l'univers, ont dit une grande absurdité : car quelle plus grande absurdité, qu'une fatalité aveugle, qui a produit des Etres intelligens ?* De plus dans le passage qu'on censure, on ne peut faire parler l'Auteur, que de ce dont il parle ; il ne parle point

point des caufes, & il ne compare point les caufes, mais il parle des effets, & il compare les effets. Tout l'article, celui qui le précede & celui qui le fuit, font vòir qu'il n'eft queftion ici que des regles du mouvement, que l'Auteur dit avoir été établies par Dieu ; elles font invariables ces regles, & toute la Phyfique le dit avec lui ; elles font invariables, parce que Dieu a voulu qu'elles fuffent telles, & qu'il a voulu conferver le monde : il n'en dit ni plus ni moins.

Je dirai toûjours que le Critique n'entend jamais le fens des

des choſes , & ne s'attache qu'aux paroles. Quand l'Auteur a dit, que la création qui paroiſſoit être un acte arbitraire, ſuppoſoit des regles auſſi invariables que la fatalité des Athées ; on n'a pas pû l'entendre comme s'il diſoit, que la création fut un acte néceſſaire comme la fatalité des Athées, puiſqu'il a déjà combattu cette fatalité. De plus les deux membres d'une comparaiſon doivent ſe rapporter ; ainſi il faut abſolument que la phraſe veuille dire ; la création, qui paroît d'abord devoir produire des regles de mouvement

vement variables, en a d'aussi invariables que la fatalité des Athées : le Critique encore une fois n'a vû & ne voit que les mots.

I I.

IL n'y a donc point de Spinosisme dans l'Esprit des Loix. Passons à une autre accusation, & voyons s'il est vrai que l'Auteur ne reconnoisse pas la religion révélée. L'Auteur, à la fin du Chapitre premier, parlant de l'homme qui est une intelligence finie, sujette à l'ignognorance & à l'erreur, a dit : *Un tel Etre pouvoit à tous les instans oublier son Créateur, Dieu l'a rappellé à lui par les Loix de la religion.*

Il a dit au Chapitre premier du Livre 24. *Je n'examinerai les diverses religions du monde, que par rapport au bien que l'on en tire dans l'état civil, soit que je parle de celle qui a sa racine dans le ciel, ou bien de celles qui ont la leur sur la terre.*

Il ne faudra que très-peu d'équité pour voir, que je n'ai jamais prétendu faire céder les intérêts de la religion aux intérêts politiques, mais les unir : or pour

les

les unir, il faut les connoître. La religion chrétienne, qui ordonne aux hommes de s'aimer, veut sans doute que chaque peuple ait les meilleures Loix politiques & les meilleures Loix civiles, parce qu'elles sont après elle le plus grand bien que les hommes puissent donner & recevoir.

Et au Chapitre second du même Livre : *Un prince qui aime la religion & qui la craint, est un Lion qui cede à la main qui le flate, ou à la voix qui l'appaise ; celui qui craint la religion & qui la hait, est comme les bêtes sauvages qui mordent la chaîne qui les empêche de se jetter ſur ceux qui paſſent. Celui qui n'a point du tout de religion, eſt cet animal terrible, qui ne ſent ſa liberté, que lorſqu'il déchire & qu'il dévore.*

Au Chapitre troiſieme du même Livre : *Pendant que les Princes Mahométans donnent ſans ceſſe la mort ou la reçoivent, la religion chez les Chrétiens rend les Princes moins timides, & par conſéquent moins cruels. Le Prince compte ſur ſes Sujets, & les Sujets ſur le Prince. Choſe admirable ! la religion chrétienne, qui ne ſemble avoir d'objet que la félicité de l'autre vie, fait encore notre bonheur dans celle-ci.*

Au

Au Chapitre quatrieme du même Livre : *Sur le caractere de la religion chrétienne & celui de la mahométane, l'on doit, sans autre examen, embrasser l'une & rejetter l'autre.* On prie de continuer.

Dans le Chapitre sixieme : *M. Bayle, après avoir insulté toutes les religions, flétrit la religion chrétienne : il ose avancer que de véritables chrétiens ne formeroient pas un état qui pût subsister. Pourquoi non ? Ce seroient des Citoyens infiniment éclairés sur leurs devoirs, & qui auroient un très-grand zele pour les remplir ; ils sentiroient*

roient très-bien les droits de la défense naturelle; plus ils croiroient devoir à la religion, plus ils penseroient devoir à la patrie. Les principes du christianisme bien gravés dans le cœur, seroient infiniment plus forts que ce faux honneur des monarchies, ces vertus-humaines des républiques, & cette crainte servile des états despotiques.

Il est étonnant que ce grand homme n'ait pas su distinguer les ordres pour l'établissement du christianisme d'avec le christianisme même, & qu'on puisse lui imputer d'avoir méconnu l'esprit de sa propre religion.

Lorsque

Lorsque le Législateur, au lieu de donner des Loix, a donné des conseils, c'est qu'il a vû que ses conseils, s'ils étoient ordonnés comme des Loix, seroient contraires à l'esprit de ses Loix.

Au Chapitre dixieme: *Si je pouvois un moment cesser de penser que je suis chrétien, je ne pourrois m'empêcher de mettre la destruction de la secte de Zénon au nombre des malheurs du genre humain*, &c. *Faites pour un moment abstraction des vérités révélées; cherchez dans toute la nature, vous n'y trouverez pas de plus grand objet que les Antonins*, &c.

Et au Chapitre treizieme : *La religion payenne, qui ne défendoit que quelques crimes grossiers, qui arrêtoit la main & abandonnoit le cœur, pouvoit avoir des crimes inexpiables : mais une religion qui enveloppe toutes les passions ; qui n'est pas plus jalouse des actions que des desirs & des pensées ; qui ne nous tient point attachés par quelque chaîne, mais par un nombre innombrable de fils ; qui laisse derriere elle la justice humaine, & commence une autre justice ; qui est faite pour mener sans cesse du repentir à l'amour, & de l'amour au repentir ; qui met entre le juge & le criminel un grand médiateur, entre le juste & le médiateur un grand juge : une telle religion ne doit point avoir de crimes inexpiables ; mais quoiqu'elle donne des craintes & des espérances à tous, elle fait assez sentir que s'il n'y a point de crime, qui, par sa nature soit inexpiable, toute une vie peut l'être ; qu'il seroit très-dangereux de tourmenter la miséricorde par de nouveaux crimes & de nouvelles expiations ; qu'inquiets sur les anciennes dettes, jamais quittes envers le Seigneur, nous devons craindre d'en contracter de nouvelles, de combler la mesure, & d'aller jusqu'au terme où la bonté paternelle finit.*

Dans le Chapitre dix-neuvieme, à la fin, l'Auteur, après avoir fait sentir les abus de diverses religions payennes, sur l'état des ames dans l'autre vie, dit : *Ce n'est pas assez pour une religion d'établir un dogme ; il faut encore qu'elle le dirige : c'est ce qu'a fait admirablement bien la religion chrétienne, à l'égard des dogmes dont nous parlons ; elle nous fait espérer un état que nous croyons, non pas un état que nous sentions ou que nous connoissions :*

tout jusqu'à la résurrection des corps, nous mene à des idées spirituelles.

Et au Chapitre vingt-sixieme, à la fin : *Il suit de-là qu'il est presque toûjours convenable qu'une religion ait des dogmes particuliers, & un culte général : dans les Loix qui concernent les pratiques du culte, il faut peu de détails ; par exemple, des mortifications, & non pas une certaine mortification. Le christianisme est plein de bon sens : l'abstinence est de droit divin ; mais une abstinence particuliere est de droit de police, & on peut la changer.*

Au Chapitre dernier, Livre vingt-cinquieme : *Mais il n'en résulte pas, qu'une religion apportée dans un pays très-éloigné, & totalement différent de climat, de loix, de mœurs & de manieres, ait tout le succès que sa sainteté devroit lui promettre.*

Et au Chapitre III du Livre vingt-quatrieme : *C'est la religion chrétienne, qui, malgré la grandeur de l'empire & le vice du climat, a empêché le despotisme de s'établir en Ethiopie ; & a porté au milieu de l'Afrique, les mœurs de l'Europe & ses loix,* &c..... *Tout*

près

près de-là, on voit le mahométisme faire enfermer les Enfans du Roi de Sennar; à sa mort le Conseil les envoye égorger en faveur de celui qui monte sur le thrône.

Que l'on se mette devant les yeux les massacres continuels des Rois & des Chefs Grecs & Romains, & de l'autre la destruction des Peuples & des villes par ces mêmes Chefs, Thimur & Gengiskan, qui ont devasté l'Asie; & nous verrons que nous devons au christianisme, & dans le gouvernement un certain droit politique, & dans la guerre un cerain droit des gens, que la na-

ture humaine ne ſauroit aſſez reconnoître. On ſupplie de lire tout le Chapitre.

Dans le Chapitre VIII du Livre vingt-quatrieme : *Dans un pays où l'on a le malheur d'avoir une religion que Dieu n'a pas donnée, il eſt toûjours néceſſaire qu'elle s'accorde avec la morale ; parce que la religion, même fauſſe eſt le meilleur garant que les hommes puiſſent avoir de la probité des hommes.*

Ce ſont des paſſages formels : on y voit un Ecrivain, qui, non-ſeulement croit la religion chrétienne, mais qui l'aime. Que dit-on, pour prouver

ver le contraire ? & on avertit encore une fois, qu'il faut que les preuves ſoient proportionnées à l'accuſation : cette accuſation n'eſt pas frivole, les preuves ne doivent pas l'être ; & comme ces preuves ſont données dans une forme aſſez extraordinaire, étant toûjours moitié preuves, moitié injures, & ſe trouvant comme enveloppées dans la ſuite d'un diſcours fort vague, je vais les chercher.

PREMIERE OBJECTION.

(*) L'Auteur a loüé les Stoï-

(*) Page 165, de la deuxieme feuille du 16 Octobre 1749.

ciens, qui admettoient une fatalité aveugle, un enchaînement néceſſaire, &c. c'eſt le fondement de la religion naturelle.

R E' P O N S E.

Je ſuppoſe un moment, que cette mauvaiſe maniere de raiſonner ſoit bonne : l'Auteur a t'il loüé la phyſique & la métaphyſique des Stoïciens ? Il a loüé leur morale; il a dit que les Peuples en avoient tiré de grands biens : il a dit cela, & il n'a rien dit de plus : je me trompe, il a dit plus; car dès la premiere page du Livre, il a attaqué cette fatalité

fatalité des Stoïciens : il ne l'a donc point loüée, quand il a loüé les Stoïciens.

SECONDE OBJECTION.

L'Auteur a loüé Bayle (*), en l'appellant un grand homme.

RE'PONSE.

Je suppose encore un moment, qu'en général cette maniere de raisonner soit bonne : elle ne l'est pas du moins dans ce cas-ci. Il est vrai que l'Auteur a appellé Bayle un grand homme, mais il a censuré ses opinions : s'il les a

(*) Page 165, de la deuxieme feuille.

censurées, il ne les admet pas. Et puisqu'il a combattu ses opinions, il ne l'appelle pas un grand homme à cause de ses opinions. Tout le monde sait que Bayle avoit un grand esprit dont il a abusé ; mais cet esprit dont il a abusé, il l'avoit : l'Auteur a combattu ses sophismes, & il plaint ses égaremens. Je n'aime point les gens qui renversent les Loix de leur patrie, mais j'aurois de la peine à croire que César & Cromwel fussent de petits esprits ; je n'aime point les conquérans, mais on ne pourra guere me persuader qu'Alexandre

lexandre & Gengiskan aient été des génies communs. Il n'auroit pas fallu beaucoup d'esprit à l'Auteur, pour dire que Bayle étoit un homme abominable ; mais il y a apparence qu'il n'aime point à dire des injures, soit qu'il tienne cette disposition de la nature, soit qu'il l'ait reçue de son éducation. J'ai lieu de croire, que s'il prenoit la plume, il n'en diroit pas même à ceux qui ont cherché à lui faire un des plus grands maux qu'un homme puisse faire à un homme, en travaillant à le rendre odieux à tous ceux qui

qui ne le connoiſſent pas, & ſuſpect à tous ceux qui le connoiſſent.

De plus, j'ai remarqué que les déclamations des hommes furieux, ne ſont guere d'impreſſion que ſur ceux qui ſont furieux eux-mêmes : la plûpart des Lecteurs ſont des gens modérés ; on ne prend guere un Livre, que lorſqu'on eſt de ſang froid ; les gens raiſonnables aiment les raiſons. Quand l'Auteur auroit dit mille injures à Bayle, il n'en ſeroit réſulté, ni que Bayle eut bien raiſonné, ni que Bayle eut mal raiſonné :

tout ce qu'on en auroit pû conclurre auroit été, que l'Auteur savoit dire des injures.

TROISIEME OBJECTION.

Elle est tirée de ce que l'Auteur n'a point parlé dans son Chapitre premier du péché (*) originel.

RE'PONSE.

Je demande à tout homme sensé, si ce Chapitre est un traité de Théologie? Si l'Auteur avoit parlé du péché originel, on lui auroit pû imputer, tout de même, de n'avoir pas parlé de la Rédemp-

(*) Feuille du 9 Octobre 1749, p. 162

tion :

tion : ainſi d'article en article à l'infini.

QUATRIEME OBJECTION.

Elle eſt tirée de ce que M. Domat a commencé ſon ouvrage autrement que l'Auteur, & qu'il a d'abord parlé de la révélation.

REPONSE.

Il eſt vrai que M. Domat a commencé ſon ouvrage autrement que l'Auteur, & qu'il a d'abord parlé de la révélation.

CINQUIEME OBJECTION.

L'Auteur a ſuivi le ſyſtème du Poëme de Pope.

REPONSE.

REPONSE.

Dans tout l'ouvrage, il n'y a pas un mot du ſyſtème de Pope.

SIXIEME OBJECTION.

L'Auteur dit que la Loi qui preſcrit à l'homme ſes devoirs envers Dieu, eſt la plus importante ; mais il nie qu'elle ſoit la premiere : il prétend que la premiere Loi de la nature eſt la paix ; que les hommes ont commencé par avoir peur les uns des autres, &c. Que les enfans ſavent que la premiere Loi, c'eſt d'aimer Dieu ; & la ſeconde, c'eſt d'aimer ſon prochain.

REPONSE.

REPONSE.

Voici les paroles de l'Auteur : *Cette Loi* (*), *qui, en imprimant dans nous-mêmes l'idée d'un Créateur, nous porte vers lui, est la premiere des Loix naturelles, par son importance, & non pas dans l'ordre de ces Loix : l'homme dans l'état de nature, auroit plutôt la faculté de connoître, qu'il n'auroit des connoissances. Il est clair, que ses premieres idées ne seroient point des idées spéculatives ; il songeroit à la conservation de son être, avant de chercher l'origine de son être ; un homme*

(*) Livre I, Chapitre 2.

pareil

pareil ne sentiroit d'abord que sa foiblesse ; sa timidité seroit extrême ; & si l'on avoit là-dessus besoin de l'expérience, l'on a trouvé dans les forêts des hommes sauvages ; tout les fait trembler, tout les fait fuir. L'Auteur a donc dit que la Loi, qui, en imprimant en nous-mêmes l'idée du Créateur, nous porte vers lui, étoit la premiere des Loix naturelles ; il ne lui a pas été défendu, pas plus qu'aux Philosophes & aux Ecrivains du droit naturel, de considérer l'homme sous divers égards ; il lui a été permis de supposer un homme comme tombé des nues, laiſſé à lui-même & ſans éducation, avant l'établiſſement des ſociétés. Eh bien! l'Auteur a dit, que la premiere Loi naturelle la plus importante, & par conſéquent la capitale, ſeroit pour lui, comme pour tous les hommes, de ſe porter vers ſon Créateur; il a auſſi été permis à l'Auteur d'examiner, quelle ſeroit la premiere impreſſion qui ſe feroit ſur cet homme, & de voir l'ordre dans lequel ces impreſſions ſeroient reçûes dans ſon cerveau; & il a cru qu'il auroit des ſentimens, avant de faire des réflexions ; que le premier dans l'ordre du tems feroit la peur, enfuite le befoin de fe nourrir, &c. L'Auteur a dit, que la Loi qui, imprimant en nous l'idée du Créateur nous porte vers lui, eft la premiere des Loix naturelles ; le Critique dit, que la premiere Loi naturelle eft d'aimer Dieu : ils ne font divifés que par les injures.

SEPTIEME OBJECTION.

Elle eft tirée du Chapitre premier du premier Livre, où l'Auteur après avoir dit, *que l'homme étoit un être borné*, il il a ajoûté : *Un tel Etre pouvoit à tous les instans oublier son Créateur, Dieu l'a rappellé à lui par les Loix de la religion.* Or, dit-on, quelle est cette religion dont parle l'Auteur ? il parle sans doute de la religion naturelle, il ne croit donc que la religion naturelle.

R E P O N S E.

Je suppose encore un moment, que cette maniere de raisonner soit bonne, & que de ce que l'Auteur n'auroit parlé là que de la religion naturelle, on en pût conclurre, qu'il ne croit que la religion natu-

naturelle, & qu'il exclut la religion révélée. Je dis que dans cet endroit il a parlé de la religion révélée, & non pas de la religion naturelle : car s'il avoit parlé de la religion naturelle, il feroit un idiot ; ce feroit comme s'il difoit, Un tel Etre pouvoit aifément oublier fon Créateur, c'eft-à-dire, la religion naturelle; Dieu l'a rappellé à lui par les Loix de la religion naturelle : de forte que Dieu lui auroit donné la religion naturelle, pour perfectionner en lui la religion naturelle. Ainfi, pour fe préparer à dire des invectives à l'Au-

 teur,

teur, on commence par ôter à ſes paroles le ſens du monde le plus clair, pour leur donner le ſens du monde le plus abſurde, & pour avoir meilleur marché de lui, on le prive du ſens commun.

HUITIEME OBJECTION.

L'Auteur a dit (*) en parlant de l'homme : *Un tel Etre pouvoit à tous les inſtans oublier ſon Créateur, Dieu l'a rappellé à lui par les Loix de la religion : un tel Etre pouvoit à tous les inſtans s'oublier lui-même ; les Philoſophes l'ont averti par les Loix de*

(*) Au Livre I, Chapitre 1.

de la morale : fait pour vivre dans la ſociété, il pouvoit oublier les autres ; les Légiſlateurs l'ont rendu à ſes devoirs par les Loix politiques & civiles. Donc, dit le Critique (*) *, ſelon l'Auteur, le gouvernement du monde eſt partagé entre Dieu, les Philoſophes & les Légiſlateurs ?* &c. *Où les Philoſophes ont-ils appris les Loix de la morale ; où les Légiſlateurs ont-ils vû ce qu'il faut preſcrire pour gouverner les ſociétés avec équité ?*

(*) Page 162 de la feuille du 9 Octobre 1749.

Reponse.

Et cette réponſe eſt très-aiſée ; ils l'ont pris dans la révélation, s'ils ont été aſſez heureux pour cela ; ou bien dans cette Loi, qui en imprimant en nous l'idée du Créateur nous porte vers lui. L'Auteur de l'Eſprit des Loix a-t'il dit comme Virgile ? Céſar partage l'Empire avec Jupiter. Dieu qui gouverne l'univers n'a-t'il pas donné à certains hommes plus de lumieres, à d'autres plus de puiſſance ? Vous direz que l'Auteur a dit, que parce que Dieu a voulu

que

que des hommes gouvernassent des hommes, il n'a plus voulu qu'ils lui obéissent, & qu'il s'est démi de l'em i e qu'il avoit sur eux, &c. Voilà où sont réduits ceux qui, ayant beaucoup de foiblesse pour raisonner, ont beaucoup de force pour déclamer.

Neuvieme Objection.

Le Critique continue : *Remarquons encore, que l'Auteur qui trouve, que Dieu ne peut pas gouverner les Etres libres aussi bien que les autres, parce qu'étant libres, il faut qu'ils agissent par eux-mêmes* (Je remarquerai en passant, que l'Auteur ne se sert point de cette expression, que Dieu ne peut pas), *ne remédie à ce désordre que par des Loix, qui peuvent bien montrer à l'homme ce qu'il doit faire, mais qui ne lui donnent pas de le faire : ainsi dans le système de l'Auteur, Dieu crée des Etres, dont il ne peut empêcher le désordre, ni le réparer.... Aveugle, qui ne voit pas que Dieu fait ce qu'il veut, de ceux mêmes, qui ne font pas ce qu'il veut !*

REPONSE.

Le Critique a déjà reproché

ché à l'Auteur de n'avoir point parlé du péché originel ; il le prend encore sur le fait ; il n'a point parlé de la grace : c'est une chose triste d'avoir affaire à un homme, qui censure tous les articles d'un livre, & n'a qu'une idée dominante. C'est le conte de ce Curé de Village, à qui des Astronomes montroient la Lune dans un Télescope, & qui n'y voyoit que son clocher.

L'Auteur de l'Esprit des Loix a cru qu'il devoit commencer par donner quelque idée des Loix générales, & du droit de la nature & des gens ;

ce ſujet étoit immenſe, & il l'a traité dans deux Chapitres : il a été obligé d'omettre quantité de choſes qui appartenoient à ſon ſujet ; à plus forte raiſon a-t'il omis celles qui n'y avoient point de rapport.

Dixieme Objection.

L'Auteur a dit, qu'en Angleterre l'homicide de ſoi-même étoit l'effet d'une maladie, & qu'on ne pouvoit pas plus le punir, qu'on ne punit les effets de la démence. Un Sectateur de la religion naturelle n'oublie pas, que l'Angleterre eſt le berceau de ſa Secte ; il paſſe l'éponge ſur tous les crimes qu'il apperçoit.

REPONSE.

L'Auteur ne ſait point, ſi l'Angleterre eſt le berceau de la religion naturelle ; mais il ſait que l'Angleterre n'eſt pas ſon berceau, parce qu'il a parlé d'un effet phyſique, qui ſe voit en Angleterre : il ne penſe pas ſur la religion comme les Anglois, pas plus qu'un Anglois, qui parleroit d'un effet phyſique arrivé en France, ne penſeroit ſur la religion comme les François.

L'Auteur de l'Esprit des Loix n'est point du tout Sectateur de la religion naturelle : mais il voudroit que son Critique fût Sectateur de la Logique naturelle.

Je crois avoir déjà fait tomber des mains du Critique les armes effrayantes dont il s'est servi : je vais à présent donner une idée de son Exorde, qui est tel, que je crains que l'on ne pense, que ce soit par dérision que j'en parle ici.

Il dit d'abord, & ce sont ses paroles, que *le Livre de l'Esprit des Loix est une de ces productions*

ductions irrégulieres .... qui ne ſe ſont ſi fort multipliées, que depuis l'arrivée de la Bulle Unigenitus. Mais faire arriver l'Eſprit des Loix, à cauſe de l'arrivée de la Conſtitution *Unigenitus*, n'eſt-ce pas vouloir faire rire? La Bulle *Unigenitus* n'eſt point la cauſe occaſionnelle du Livre de l'Eſprit des Loix; mais la Bulle *Unigenitus* & le Livre de l'Eſprit des Loix ont été les cauſes occaſionnelles qui ont fait faire au critique un raiſonnement ſi puérile. Le critique continue: *L'Auteur dit, qu'il a bien des fois commencé & abandonné ſon ouvrage . . . . . Cependant quand il jettoit au feu ſes premieres productions, il étoit moins éloigné de la vérité, que lorſqu'il a commencé à être content de ſon travail.* Qu'en ſait-il ? Il ajoûte : *Si l'Auteur avoit voulu ſuivre un chemin frayé, ſon ouvrage lui auroit coûté moins de travail.* Qu'en ſait-il encore ? Il prononce enſuite cet Oracle : *Il ne faut pas beaucoup de pénétration pour appercevoir que le Livre de l'Eſprit des Loix eſt fondé ſur le ſyſtème de la religion naturelle. . . . On a montré dans les Lettres contre le Poëme de Pope, intitulé :* Eſſai ſur l'Homme l'Homme, *que le ſyſtème de la religion naturelle rentre dans celui de Spinoſa ; c'en eſt aſſez pour inſpirer à un Chrétien l'horreur du nouveau Livre que nous annonçons.* Je répons, que non-ſeulement c'en eſt aſſez, mais même que c'en ſeroit beaucoup trop : mais je viens de prouver que le ſyſtème de l'Auteur n'eſt pas celui de la Religion naturelle ; & en lui paſſant que le ſyſtème de la Religion naturelle rentrât dans celui de Spinoſa, le ſyſtème de l'Auteur n'entreroit pas dans celui de Spinoſa, puiſqu'il n'eſt pas celui de la religion naturelle.

Il veut donc inſpirer de l'horreur, avant d'avoir prouvé qu'on doit avoir de l'horreur.

Voici les deux formules des raiſonnemens répandus dans les deux Ecrits, auxquels je répons : L'Auteur de l'Eſprit des Loix eſt un Sectateur de la religion naturelle ; donc il faut expliquer ce qu'il dit ici par les principes de la religion naturelle ; or ſi ce qu'il dit ici eſt fondé ſur les principes de la religion naturelle, il eſt un Sectateur de la religion naturelle.

L'autre formule eſt celle-

ci.

ci. L'Auteur de l'Eſprit des Loix eſt un Sectateur de la religion naturelle ; donc ce qu'il dit dans ſon Livre en faveur de la révélation, n'eſt que pour cacher qu'il eſt un Sectateur de la religion naturelle ; or s'il ſe cache ainſi, il eſt un Sectateur de la religion naturelle.

Avant de finir cette premiere partie, je ſerois tenté de faire une objection à celui qui en a tant fait ; il a ſi fort effrayé les oreilles du mot de Sectateur de la religion naturelle, que moi, qui défens l'Auteur, je n'oſe preſque prononcer

noncer ce nom; je vais pourtant prendre courage. Ses deux écrits ne demanderoient-ils pas plus d'explication que celui que je défens? Fait-il bien, en parlant de la religion naturelle & de la révélation, de se jetter perpétuellement tout d'un côté, & de faire perdre les traces de l'autre? Fait-il bien de ne distinguer jamais ceux qui ne reconnoissent que la seule religion naturelle, d'avec ceux qui reconnoissent & la religion naturelle & la révélation? Fait-il bien de s'effaroucher toutes les fois que l'Auteur considere l'homme dans l'état de la religion naturelle, & qu'il explique quelque chose sur les principes de la religion naturelle? Fait-il bien de confondre la religion naturelle avec l'athéïsme? N'ai-je pas toûjours oüi dire, que nous avions tous une religion naturelle? n'ai je pas oüi dire que le Christianisme étoit la perfection de la religion naturelle? n'ai-je pas oüi dire que l'on employoit la religion naturelle pour prouver la révélation contre les Déïstes? & que l'on employoit la même religion naturelle pour prouver l'existence de Dieu contre les athées ? Il dit que les Stoïciens étoient des Sectateurs de la religion naturelle ; & moi, je lui dis, qu'ils étoient des (*) athées, puisqu'ils croyoient qu'une fatalité aveugle gouvernoit l'Univers, & que c'est par la religion naturelle que l'on combat les

(*) Voyez la page 165 des feuilles du 9 Octobre 1749. *Les Stoïciens n'admettoient qu'un Dieu, mais ce Dieu n'étoit autre chose que l'ame du monde ; ils vouloient que tous les êtres, depuis le premier, fussent nécessairement enchaînés les uns avec les autres ; une nécessité fatale entraînoit tout. Ils nioient l'immortalité de l'ame, & faisoient consister le souverain bonheur à vivre conformément à la nature : c'est le fond du système de la Religion naturelle.*

Stoï-

Stoïciens : il dit que le ſyſtème de la religion naturelle (*) rentre dans celui de Spinoſa ; & moi je lui dis qu'ils ſont contradictoires , & que c'eſt par la religion naturelle qu'on détruit le ſyſtème de Spinoſa. Je lui dis, que confondre la religion naturelle avec l'athéïſme, c'eſt confondre la preuve avec la choſe qu'on veut prouver, & l'objection contre l'erreur avec l'erreur même ; que c'eſt ôter les armes puiſſantes que l'on a contre cette erreur. A Dieu ne

(*) Voyez page 161 de la premiere feuille du 9 Octobre 1749, à la fin de la premiere colomne.

plaiſe

plaiſe que je veuille imputer aucun mauvais deſſein au critique, ni faire valoir les conſéquences que l'on pourroit tirer de ſes principes ; quoiqu'il ait très-peu d'indulgence, on en veut avoir pour lui : je dis ſeulement que les idées métaphyſiques ſont extrèmement confuſes dans ſa tête ; qu'il n'a point du tout la faculté de ſéparer ; qu'il ne ſauroit porter de bons jugemens, parce que, parmi les diverſes choſes qu'il faut voir, il n'en voit jamais qu'une ; & cela même, je ne le dis pas pour lui faire des reproches, mais pour détruire les ſiens.

DE'FENSE

DÉFENSE
DE
L'ESPRIT DES LOIX.

SECONDE PARTIE.

IDÉE GÉNÉRALE.

J'AI absous le Livre de l'Esprit des Loix de deux reproches généraux dont on l'avoit chargé; il y a encore des imputations particulieres aux-

F quelles

quelles il faut que je réponde : mais pour donner un plus grand jour à ce que j'ai dit & à ce que je dirai dans la ſuite, je vais expliquer ce qui a donné lieu, ou a ſervi de prétexte aux invectives.

Les gens les plus ſenſés de divers pays de l'Europe, les hommes les plus éclairés & les plus ſages, ont regardé le Livre de l'Eſprit des Loix comme un Ouvrage utile ; ils ont penſé que la morale en étoit pure, les principes juſtes, qu'il étoit propre à former d'honnêtes gens, qu'on y détruiſoit les opinions

opinions pernicieuſes, qu'on y encourageoit les bonnes.

D'un autre côté, voilà un homme qui en parle comme d'un Livre dangereux, il en a fait le ſujet des invectives les plus outrées : il faut que j'explique ceci.

Bien loin d'avoir entendu les endroits particuliers qu'il critiquoit dans ce Livre, il n'a pas ſeulement ſu qu'elle étoit la matiere qui y étoit traitée : ainſi déclamant en l'air, & combattant contre le vent, il a remporté des triomphes de même eſpece; il a bien critiqué le Livre qu'il avoit dans la la tête, il n'a pas critiqué celui de l'Auteur. Mais comment a-t'on pû manquer ainsi le sujet & le but d'un Ouvrage qu'on avoit devant les yeux ? Ceux qui auront quelques lumieres, verront du premier coup d'œil que cet Ouvrage a pour objet les Loix, les Coûtumes & les divers Usages de tous les Peuples de la Terre. On peut dire que le sujet en est immense, puisqu'il embrasse toutes les institutions qui sont reçues parmi les hommes ; puisque l'Auteur distingue ces institutions, qu'il examine celles

les qui conviennent le plus à la ſociété & à chaque ſociété, qu'il en cherche l'origine, qu'il en découvre les cauſes phyſiques & morales ; qu'il examine celles qui ont un degré de bonté par elles-mêmes & celles qui n'en ont aucun ; que de deux pratiques pernicieuſes, il cherche celle qui l'eſt plus & celle qui l'eſt moins ; qu'il y diſcute celles qui peuvent avoir de bons effets à un certain égard & de mauvais dans un autre. Il a crû ſes recherches utiles, parce que le bon ſens conſiſte beaucoup à connoître les nuances des chofes. Or dans un fujet auffi étendu, il a été néceffaire de traiter de la Religion ; car y ayant fur la terre une Religion vraie & une infinité de fauffes, une Religion envoyée du Ciel & une infinité d'autres qui font nées fur la terre, il n'a pû regarder toutes les Religions fauffes que comme des inftitutions humaines ; ainfi il a dû les examiner comme toutes les autres inftitutions humaines ; & quant à la Religion chrétienne, il n'a eu qu'à l'adorer, comme étant une inftitution divine. Ce n'étoit point

point de cette Religion qu'il devoit traiter, parce que par sa nature elle n'est sujette à aucun examen; de sorte que, quand il en a parlé, il ne l'a jamais fait pour la faire entrer dans le plan de son Ouvrage, mais pour lui payer le tribut de respect & d'amour qui lui est dû par tout Chrétien, & pour que, dans les comparaisons qu'il en pouvoit faire avec les autres Religions, il pût la faire triompher de toutes. Ce que je dis se voit dans tout l'Ouvrage: mais l'Auteur l'a particulierement expliqué au commencement

cement du Livre XXIV, qui est le premier des deux Livres qu'il a faits sur la Religion ; il le commence ainsi : *Comme on peut juger parmi les ténebres celles qui sont les moins épaisses, & parmi les abysmes ceux qui sont les moins profonds, ainsi l'on peut chercher entre les Religions fausses celles qui sont les plus conformes au bien de la Société, celles qui, quoiqu'elles n'aient pas l'effet de mener les hommes aux félicités de l'autre vie, peuvent le plus contribuer à leur bonheur dans celle-ci.*

Je n'examinerai donc les diverses Religions du Monde,

que

que par rapport au bien que l'on en tire dans l'état civil, ſoit que je parle de celle qui a ſa racine dans le Ciel, ou bien de celles qui ont la leur ſur la Terre.

L'Auteur ne regardant donc les Religions humaines que comme des inſtitutions humaines, a dû en parler, parce qu'elles entroient néceſſairement dans ſon plan ; il n'a point été les chercher, mais elles ſont venues le chercher, & quant à la Religion chrétienne, il n'en a parlé que par occaſion, parce que par ſa nature ne pouvant être modifiée, mitigée, corrigée, elle n'entroit point dans le plan qu'il s'étoit proposé.

Qu'a-t'on fait pour donner une ample carriere aux déclamations, & ouvrir la porte la plus large aux invectives? on a considéré l'Auteur, comme si, à l'exemple de M. Abbadye, il avoit voulu faire un Traité sur la Religion chrétienne, on l'a attaqué, comme si ses deux Livres sur la Religion étoient deux Traités de Théologie chrétienne, on l'a repris comme si parlant d'une Religion quelconque qui n'est

pas

pas la chrétienne, il avoit eû à l'examiner ſelon les principes & les dogmes de la Religion chrétienne, on l'a jugé comme s'il s'étoit chargé dans ſes deux Livres d'établir pour les Chrétiens, & de prêcher aux Mahométans & aux Idolâtres les dogmes de la Religion chrétienne. Toutes les fois qu'il a parlé de la Religion en général, toutes les fois qu'il a employé le mot de Religion, on a dit, c'eſt la Religion chrétienne, toutes les fois qu'il a comparé les pratiques religieuſes de quelques Nations quelconques, & qu'il a dit qu'elles étoient plus conformes au Gouvernement politique de ce pays que telle autre pratique, on a dit, Vous les approuvez donc & abandonnez la foi chrétienne: lorſqu'il a parlé de quelque Peuple qui n'a point embraſſé le Chriſtianiſme, ou qui a précédé la venue de Jeſus-Chriſt, on lui a dit, Vous ne reconnoiſſez donc pas la morale chrétienne; quand il a examiné en Ecrivain politique quelque pratique que ce ſoit, on lui a dit, C'étoit tel dogme de Théologie chrétienne?

tienne, que vous deviez mettre là ; vous dites que vous êtes Jurisconsulte & je vous ferai Théologien malgré vous : vous nous donnez d'ailleurs de très-belles choses sur la Religion chrétienne, mais c'est pour vous cacher que vous les dites, car je connois votre cœur & je lis dans vos pensées. Il est vrai que je n'entens point votre Livre, il n'importe pas que j'aye démêlé bien ou mal l'objet dans lequel il a été écrit ; mais je connois au fond toutes vos pensées : je ne sai pas un mot de ce que vous dites, mais j'entens très-bien ce que vous ne dites pas. Entrons à préſent en matiere.

L'Auteur dans le Livre ſur la Religion a combattu l'erreur de Bayle, voici ſes paroles: * *M. Bayle, après avoir inſulté toutes les Religions, flétrit la Religion chrétienne, il oſe avancer que de véritables Chrétiens ne formeroient pas un état qui pût ſubſiſter. Pourquoi non? Ce ſeroient des citoyens infiniment éclairés ſur leurs devoirs, & qui auroient un très-grand zele pour les remplir. Ils*

* Liv. XXIV. Chap. 6.

ſenti-

sentiroient très-bien les droits de la défense naturelle ; plus ils croiroient devoir à la Religion, plus ils penseroient devoir à la Patrie : les principes du Christianisme bien gravés dans le cœur, seroient infiniment plus forts que ce faux honneur des Monarchies, ces vertus humaines des Républiques & cette crainte servile des Etats despotiques.

Il est étonnant que ce grand homme n'ait pas sû distinguer les ordres pour l'établissement du Christianisme d'avec le Christianisme même, & qu'on puisse lui imputer d'avoir méconnu l'esprit de sa propre Religion. Lors-

que le Législateur, au lieu de donner des Loix, a donné des conseils, c'est qu'il a vû que ses conseils, s'ils étoient ordonnés comme des Loix, seroient contraires à l'esprit de ses Loix. Qu'a-t'on fait pour ôter à l'Auteur la gloire d'avoir combattu ainsi l'erreur de Bayle ? on prend le Chapitre * suivant qui n'a rien à faire avec Bayle : *Les Loix humaines*, y est-il dit, *faites pour parler à l'esprit, doivent donner des préceptes, & point de conseils, la Religion faite pour parler au cœur, doit donner beaucoup,*

* C'est le Chap. 7. du Liv. XXIV.

coup de conseils, & peu de préceptes. Et de-là on conclut que l'Auteur regarde tous les préceptes de l'Evangile comme des conseils. Il pourroit dire aussi que celui qui fait cette critique regarde lui-même tous les conseils de l'Evangile comme des préceptes; mais ce n'est pas sa maniere de raisonner, & encore moins sa maniere d'agir. Allons au fait, il faut un peu allonger ce que l'Auteur a raccourci. M. Bayle avoit soûtenu qu'une société de Chrétiens ne pourroit pas subsister; & il alléguoit pour cela l'ordre de l'Evangile de présenter l'autre joue quand on reçoit un souflet, de quitter le monde, de se retirer dans les deserts, &c. L'Auteur a dit que Bayle prenoit pour des préceptes ce qui n'étoit que des conseils, pour des regles générales ce qui n'étoit que des regles particulieres; en cela l'Auteur a défendu la Religion. Qu'arrive-t-il ? On pose pour premier article de sa croyance, que tous les Livres de l'Evangile ne contiennent que des conseils.

DE

DE LA POLIGAMIE.

D'Autres Articles ont encore fourni des sujets commodes pour les déclamations; la Poligamie en étoit un excellent, l'Auteur a fait un Chapitre exprès, où il l'a reprouvée; le voici.

De la Poligamie en elle-même.

A regarder la Poligamie en général indépendamment des circonstances qui peuvent la faire un peu tolérer, elle n'est point utile

utile au genre humain ni à aucun des deux sexes, soit à celui qui abuse, soit à celui dont on abuse. Elle n'est pas non plus utile aux enfans, & un de ses grands inconvéniens est que le pere & la mere ne peuvent avoir la même affection pour leurs enfans; un pere ne peut pas aimer vingt enfans comme une mere en aime deux. C'est bien pis quand une femme a plusieurs maris; car pour lors l'amour paternel ne tient qu'à cette opinion qu'un pere peut croire, s'il veut, ou que les autres peuvent croire que de certains enfans lui appartiennent.

La pluralité des femmes, qui le diroit ? mene à cet amour que la nature désavoue, c'est qu'une dissolution en entraine toûjours une autre, &c.

Il y a plus : la possession de beaucoup de femmes ne prévient pas toûjours les desirs pour celle d'un autre ; il en est de la Luxure comme de l'Avarice, elle augmente sa soif par l'acquisition des thrésors.

Du tems de Justinien plusieurs Philosophes gênés par le Christianisme se retirerent en Perse auprès de Cosroës : ce qui les frappa le plus, dit Agathias, ce fut que la Poligamie étoit permise

permise à des gens qui ne s'abstenoient pas même de l'Adultere.

L'Auteur a donc établi que la Poligamie étoit par sa nature & en elle-même une chose mauvaise, il falloit partir de ce Chapitre, & c'est pourtant de ce Chapitre que l'on n'a rien dit. L'Auteur a de plus examiné philosophiquement dans quels pays, dans quels climats, dans quelles circonstances elle avoit de moins mauvais effets, il a comparé les climats aux climats & les pays aux pays, & il a trouvé qu'il y avoit des pays

pays où elle avoit des effets moins mauvais que dans d'autres; parce que, ſuivant les relations, le nombre des hommes & des femmes n'étant point égal dans tous les pays, il eſt clair que, s'il y a des pays où il y ait beaucoup plus de femmes que d'hommes, la Poligamie mauvaiſe en elle-même, l'eſt moins que dans d'autres. L'Auteur a diſcuté ceci dans le Chapitre IV. du même Livre. Mais parceque le titre de ce Chapitre porte ces mots, *que la Loi de la Poligamie eſt une affaire de calcul*, on a ſaiſi ce titre :

titre : cependant comme le titre d'un Chapitre se rapporte au Chapitre même, & ne peut dire ni plus ni moins que ce Chapitre, voyons-le.

Suivant les calculs que l'on fait en divers endroits de l'Europe, il y naît plus de garçons que de filles; au contraire, les rélations de l'Asie nous disent qu'il y naît beaucoup plus de filles que de garçons. La loi d'une seule femme en Europe, & celle qui en permet plusieurs en Asie, ont donc un certain rapport au Climat.

Dans les Climats froids de l'Asie, il naît comme en Europe pe beaucoup plus de garçons que de filles: c'est, disent les Lamas, la raison de la Loi qui chez eux permet à une femme d'avoir plusieurs maris.

Mais j'ai peine à croire qu'il y ait beaucoup de pays où la disproportion soit assez grande pour qu'elle exige qu'on y introduise la Loi de plusieurs femmes, ou la Loi de plusieurs maris. Cela veut dire seulement que la pluralité des femmes, ou même la pluralité des hommes, est plus conforme à la nature dans certains pays que dans d'autres.

J'avoue que si ce que les relations nous disent étoit vrai qu'à

Bantam il y a dix femmes pour un homme, ce ſeroit un cas bien particulier de la Poligamie.

Dans tout ceci je ne juſtifie pas les uſages, mais j'en rens les raiſons.

Revenons au titre; la Poligamie eſt une affaire de calcul, oui, elle l'eſt quand on veut ſavoir ſi elle eſt plus ou moins pernicieuſe dans de certains climats, dans de certains pays, dans de certaines circonſtances que dans d'autres, elle n'eſt point une affaire de calcul quand on doit décider ſi elle e bonne ou mauvaiſe par elle-même.

Elle

Elle n'eſt point une affaire de calcul quand on raiſonne ſur ſa nature, elle peut être une affaire de calcul quand on combine ſes effets, enfin elle n'eſt jamais une affaire de calcul quand on examine le but du mariage, & elle l'eſt encore moins quand on examine le mariage comme établi par Jeſus-Chriſt.

J'ajoûterai ici que le haſard a très-bien ſervi l'Auteur; il ne prévoyoit pas ſans doute qu'on oublieroit un Chapitre formel pour donner des ſens équivoques à un autre, il a le bonheur d'avoir fini cet autre par ces paroles. *Dans tout ceci je ne justifie point les usages, mais j'enxends les raisons.*

L'Auteur vient de dire qu'il ne voyoit pas qu'il pût y avoir des climats où le nombre des femmes pût tellement excéder celui des hommes, ou le nombre des hommes celui des femmes, que cela dût engager à la Poligamie dans aucun pays; & il a ajoûté : * *Cela veut dire seulement que la pluralité des femmes & même la pluralité des hommes est plus conforme à la nature*

* Chap. 4. Liv. XVI.

ture dans de certains pays que dans d'autres. Le Critique a saisi le mot *est plus conforme à la nature*, pour faire dire à l'Auteur qu'il approuvoit la Poligamie. Mais si je disois que j'aime mieux la fievre que le scorbut, cela signifieroit-il que j'aime la fievre? ou seulement que le scorbut m'est plus désagréable que la fievre?

Voici mot pour mot une objection bien extraordinaire.

*La Poligamie * d'une femme*

* Pag. 164 de la feuille du 9 Octobre 1749.

qui a plusieurs maris est un désordre monstrueux qui n'a été permis en aucun cas, & que l'Auteur ne distingue en aucune sorte de la Poligamie d'un homme qui a plusieurs femmes. Ce langage dans un Sectateur de la religion naturelle n'a pas besoin de commentaire.

Je supplie de faire attention à la liaison des idées du Critique, selon lui il suit que de ce que l'Auteur est un sectateur de la Religion naturelle, il n'a point parlé de ce dont il n'avoit que faire de parler, ou bien il suit selon lui que l'Auteur n'a point parlé lé de ce dont il n'avoit que faire de parler, parce qu'il est sectateur de la Religion naturelle. Ces deux raisonnemens sont de même espece, & les conséquences se trouvent également dans les prémices. La maniere ordinaire est de critiquer sur ce que l'on écrit, ici le Critique s'évapore sur ce que l'on n'écrit pas.

Je dis tout ceci en supposant avec le Critique que l'Auteur n'eût point distingué la Poligamie d'une femme qui a plusieurs maris de celle où un mari auroit plusieurs femmes

femmes. Mais si l'Auteur les a distinguées, que dira-t-il ? Si l'Auteur a fait voir que dans le premier cas les abus étoient plus grands, que dira-t-il ? Je supplie le Lecteur de relire le Chapitre VI du Livre XVI ; je l'ai rapporté ci-dessus. Le Critique lui a fait des invectives parce qu'il avoit gardé le silence sur cet article ; il ne reste plus que de lui en faire sur ce qu'il ne l'a pas gardé.

Mais voici une chose que je ne puis comprendre. Le Critique a mis dans la seconde de ses feuilles, pag. 166

L'Auteur

L'Auteur nous a dit ci-dessus que la Religion doit permettre la Poligamie dans les pays chauds & non dans les pays froids ; mais l'Auteur n'a dit cela nulle part ; il n'est plus question de mauvais raisonnemens entre le Critique & lui, il est question d'un fait. Et comme l'Auteur n'a dit nulle part que la Religion doit permettre la Poligamie dans les pays chauds & non dans les pays froids, si l'imputation est fausse comme elle l'est, & grave comme elle l'est, je prie le Critique de se juger lui-même : ce n'est pas le ſeul endroit ſur lequel l'Auteur ait à faire un cri. A la pag. 163 à la fin de la premiere feuille, il eſt dit. *Le Chapitre IV. porte pour titre que la Loi de la Poligamie eſt une affaire de calcul, c'eſt-à-dire, que dans les lieux où il naît plus de garçons que de filles comme en Europe, on ne doit épouſer qu'une femme dans ceux où il naît plus de filles que de garçons, la Poligamie doit y être introduite.* Ainſi lorſque l'Auteur explique quelques uſages, ou donne la raiſon de quelques pratiques, on les lui fait mettre en maximes,

&

& ce qui eſt plus triſte encore en maximes de Religion ; & comme il a parlé d'une infinité d'uſages & de pratiques dans tous les pays du monde, on peut avec une pareille méthode le charger des erreurs & même des abominations de tout l'Univers. Le Critique dit à la fin de ſa ſeconde feuille, que Dieu lui a donné quelque zele, eh bien ? je lui repons que Dieu ne lui a pas donné celui-là.

CLIMAT.

CE que l'Auteur a dit ſur le Climat eſt encore une matiere très-propre pour la Réthorique, mais tous les effets quelconques ont des cauſes, le Climat & les autres cauſes phyſiques produiſent un nombre infini d'effets. Si l'Auteur avoit dit le contraire, on l'auroit regardé comme un homme ſtupide : toute la queſtion ſe réduit à ſavoir, ſi dans des pays éloignés entre eux, ſi ſous des Climats différens, il y a des caracteres caractéres d'esprit nationnaux ? Or qu'il y ait de telles différences : cela est établi par l'universalité presque entiere des livres qui ont été écrits, & comme le caractere de l'esprit influe beaucoup dans la disposition du cœur, on ne sauroit encore douter qu'il n'y ait de certaines qualités du cœur plus fréquentes dans un pays que dans un autre ; & l'on en a encore pour preuve un nombre infini d'Ecrivains de tous les lieux & de tous les tems. Comme ces choses sont humaines, l'Auteur en a parlé d'une ſaçon humaine, il auroit bien pû joindre là bien des queſtions que l'on agite dans les écoles ſur les vertus humaines & ſur les vertus chrétiennes ; mais ce n'eſt point avec ces queſtions que l'on fait des livres de Phyſique, de Politique & de Juriſprudence. En un mot ce phyſique du Climat peut produire diverſes diſpoſitions dans les eſprits, ces diſpoſitions peuvent influer ſur les actions humaines, cela choque-t'il l'empire de celui qui a créé, ou les mérites de celui qui a racheté ?

Si

Si l'Auteur a recherché ce que les Magiſtrats de divers payspouvoient faire pour conduire leur nation de la maniere la plus convenable & la plus conforme à ſon caractere,quel mal a-t-il fait en cela ?

On raiſonnera de même à l'égard de diverſes pratiques locales de Religion , l'Auteur n'avoit à les conſidérer ni comme bonnes ni comme mauvaiſes , il a dit ſeulement qu'il y avoit des Climats où de certaines pratiques de Religion étoient plus aiſées à recevoir , c'eſt-à-dire étoient plus aiſées à pratiquer par le peuple de ces Climats que par les peuples d'un autre. De ceci il eſt inutile de donner des exemples, il y en a cent mille.

Je ſais bien que la Religion eſt indépendante par elle-même de tout effet phyſique quelconque, que celle qui eſt bonne dans un pays eſt bonne dans un autre, & qu'elle ne peut être mauvaiſe dans un pays ſans l'être dans tous : mais je dis que comme elle eſt pratiquée par les hommes & pour les hommes, il y a des lieux où une Religion quelconque trouve plus

plus de facilité à être pratiquée ſoit en tout ſoit en partie dans de certains pays que dans d'autres, & dans de certaines circonſtances que dans d'autres; & dès que quelqu'un dira le contraire il renoncera au bon ſens.

L'Auteur a remarqué que le Climat des Indes produiſoit une certaine douceur dans les mœurs : mais dit le Critique, les femmes s'y brûlent à la mort de leur mari. Il n'y a guere de Philoſophie dans cette objection. Le Critique ignore-t'il les contradictions de l'eſprit humain,

& comment il ſait ſéparer les choſes les plus unies, & unir celles qui ſont les plus ſéparées ? Voyez là-deſſus les réflexions de l'Auteur au Chapitre III du Livre XIV.

TOLE'RANCE.

TOUT ce que l'Auteur a dit ſur la Tolérance ſe rapporte à cette propoſition du Chapitre IX Livre XXV. *Nous ſommes ici politiques & non pas Théologiens, & pour les Théologiens mêmes il y a bien de la différence entre tolérer une Religion & l'approuver.*

Lorſque les Loix de l'Etat ont cru devoir ſouffrir pluſieurs Religions, il faut qu'elles les obligent auſſi à ſe tolérer entr'elles. On prie de lire le reſte du Chapitre.

On

On a beaucoup crié ſur ce que l'Auteur a ajoûté au Chapitre X Livre XXV : *Voici le principe fondamental des Loix politiques en fait de Religion ; quand on eſt le maître dans un Etat de recevoir une nouvelle Religion ou de ne la pas recevoir ; il ne faut pas l'y établir, quand elle y eſt établie, il faut la tolérer.*

On objecte à l'Auteur qu'il va avertir les Princes idolâtres de fermer leurs Etats à la Religion chrétienne ; effectivement c'eſt un ſecret qu'il a été dire à l'oreille au Roi de la Cochinchine.

Comme

Comme cet argument a fourni matiere à beaucoup de déclamations, j'y ferai deux réponses ; la premiere c'est que l'Auteur a excepté nommément dans son Livre la Religion chrétienne. Il a dit au Livre XXIV Chapitre I à la fin : *La Religion chrétienne qui ordonne aux hommes de s'aimer, veut sans doute que chaque Peuple ait les meilleures Loix politiques & les meilleures Loix civiles, parce qu'elles sont après elle, le plus grand bien que les hommes puissent donner & recevoir*. Si donc la Religion chrétienne est le

premier

premier bin & les Loix politiques & civiles le ſecond, il n'y a point de Loix politiques & civiles dans un Etat, qui puiſſent ou doivent y empêcher l'entrée de la Religion chrétienne.

Ma ſeconde réponſe eſt que la Religion du Ciel ne s'établit pas par les mêmes voies que les Religions de la Terre ; liſez l'Hiſtoire de l'Egliſe, & vous verrez les prodiges de la Religion chrétienne : A-t'elle reſolu d'entrer dans un pays, elle ſait s'en faire ouvrir les portes, tous les inſtrumens ſont bons

pour

pour cela, quelquefois Dieu veut se servir de quelques pécheurs, quelquefois il va prendre sur le thrône un Empereur & fait plier sa tête sous le joug de l'Evangile. La Religion chrétienne se cache-t'elle dans les lieux soûtérains ? Attendez un moment, & vous verrez la Majesté Impériale parler pour elle. Elle traverse quand elle veut, les mers, les rivieres & les montagnes; ce ne sont pas les obstacles d'ici-bas qui l'empêchent d'aller, mettez de la répugnance dans les esprits, elle saura vaincre ces

répugnances;

répugnances ; établissez des coûtumes, formez des usages, publiez des Edits, faites des Loix, elle triomphera du Climat, des Loix qui en résultent & des Législateurs qui les auront faites. Dieu suivant des décrets que nous ne connoissons point, étend ou resserre le limites de sa Religion.

On dit : C'est comme si vous alliez dire aux Rois d'Orient qu'il ne faut pas qu'ils reçoivent chez eux la Religion chrétienne, c'est être bien charnel que de parler ainsi; étoit-ce donc Hérode de qui devoit être le Meſſie? Il ſemble qu'on regarde Jeſus-Chriſt comme un Roi qui voulant conquérir un Etat voiſin cache ſes pratiques & ſes intelligences. Rendons-nous juſtice, la maniere dont nous nous conduiſons dans les affaires humaines, eſt-elle aſſez pure pour penſer à l'employer à la converſion des Peuples?

DU CE'LIBAT.

NOus voici à l'article du Célibat, tout ce que l'Auteur en a dit se rapporte à cette proposition qui se trouve au Livre XXV Chapitre IV; la voici.

Je ne parlerai point ici des conséquences de la Loi du Célibat : On sent qu'elle pourroit devenir nuisible à proportion que le corps du Clergé seroit trop étendu, & que par conséquent celui des Laïques ne le seroit pas assez. Il est clair que l'Auteur

ne

ne parle ici que de la plus grande ou de la moindre extension que l'on doit donner au Célibat, par rapport au plus grand ou au moindre nombre de ceux qui doivent l'embrasser; & comme l'a dit l'Auteur en un autre endroit, cette Loi de perfection ne peut pas être faite pour tous les hommes; on sait d'ailleurs que la Loi du Célibat telle que nous l'avons, n'est qu'une Loi de discipline; il n'a jamais été question dans l'Esprit des Loix de la nature du Célibat même & du degré de sa bonté; &

ce n'eſt en aucune façon une matiere qui doive entrer dans un Livre de Loix politiques & civiles. Le Critique ne veut jamais que l'Auteur traite ſon ſujet, il veut continuellement qu'il traite le ſien; & parce qu'il eſt toûjours Théologien, il ne veut pas que même dans un Livre de Droit, il ſoit Juriſconſulte. Cependant on verra tout à l'heure qu'il eſt ſur le Célibat de l'opinion des Théologiens, c'eſt-à dire qu'il en a reconnu la bonté; il faut ſavoir que dans le Livre XXIII, où il eſt traité du

rapport

rapport que les Loix ont avec le nombre des Habitans ; l'Auteur a donné une Théorie de ce que les Loix politiques & civiles de divers Peuples avoient fait à cet égard. Il a fait voir en examinant les Histoires des divers Peuples de la terre, qu'il y avoit eu des circonstances où ces Loix furent plus nécessaires que dans d'autres, des Peuples qui en avoient eu plus de besoin, de certains tems où ces Peuples en avoient eu plus de besoin encore, & comme il a pensé que les Romains furent le Peuple du monde le plus ſage, & qui pour réparer ſes pertes eut le plus de beſoin de pareilles Loix : il a recueilli avec exactitude les Loix qu'ils avoient faites à cet égard, il a marqué avec préciſion dans quelles circonſtances elles avoient été faites, & dans quelles autres circonſtances elles avoient été ôtées. Il n'y a point de Théologie dans tout ceci, & il n'en faut point pour tout ceci. Cependant il a jugé à propos d'y en mettre. Voici ſes paroles : * *A Dieu ne*

* Livre XXIII Chapitre XXI à la fin.

plaiſe

plaiſe que je parle ici contre le Célibat qu'a adopté la Religion, mais qui pourroit ſe taire contre celui qu'a formé le libertinage, celui où les deux ſexes, ſe corrompant par les ſentimens naturels mêmes, fuyent une union qui doit les rendre meilleurs pour vivre dans celles qui les rendent toûjours pires ?

C'eſt une regle tirée de la nature que plus on diminue le nombre des mariages qui pourroient ſe faire, plus on corrompt ceux qui ſont faits ; moins il y a de gens mariés, moins il y a de fidélité dans les mariages, comme lorſqu'il y a plus de voleurs, il y a plus de vols.

L'Auteur n'a donc point désapprouvé le Célibat, qui a pour motif la Religion; on ne pouvoit se plaindre de ce qu'il s'élevoit contre le Célibat introduit par le libertinage; de ce qu'il désapprouvoit qu'une infinité de gens riches & voluptueux se portassent à fuïr le joug du Mariage pour la commodité de leurs déréglemens; qu'ils prissent pour eux les délices & la volupté, & laissassent les peines aux misérables: on ne pouvoit, dis-je, s'en plaindre. Mais le Critique après avoir

cité

cité ce que l'Auteur a dit prononce ces paroles : *On apperçoit ici toute la malignité de l'Auteur qui veut jetter ſur la Religion chrétienne des déſordres quelle déteſte.* Il n'y a pas d'apparence d'accuſer le Critique de n'avoir pas voulu entendre l'Auteur : je dirai ſeulement qu'il ne l'a point entendu, & qu'il lui fait dire contre la Religion ce qu'il a dit contre le libertinage ; il doit en être bien fâché.

L *ERREUR*

ERREUR

Particuliere du Critique.

ON croiroit que le Critique a juré de n'être jamais au fait de l'état de la queſtion, & de n'entendre pas un ſeul des paſſages qu'il attaque ; tout le ſecond Chapitre du Livre XXV roule ſur les motifs plus ou moins puiſſans qui attachent les hommes à la conſervation de leur Religion : le Critique trouve dans ſon imagination un autre Chapitre qui auroit pour ſujet

jet des motifs qui obligent les hommes à passer d'une Religion dans une autre. Le premier sujet emporte un état passif; le second un état d'action; & appliquant sur un sujet ce que l'Auteur a dit sur un autre, il déraisonne tout à son aise.

L'Auteur a dit au second article du Chap. II du Livre XXV. *Nous sommes extrêmement portés à l'Idolâtrie, & cependant nous ne sommes pas fort attachés aux Religions idolâtres, nous ne sommes guere portés aux idées spirituelles, & cependant nous sommes très-at-*

tachés aux Religions qui nous font adorer un Être ſpirituel. Cela vient de la ſatisfaction que nous trouvons en nous-mêmes, d'avoir été aſſez intelligens pour avoir choiſi une Religion qui tire la divinité de l'humiliation où les autres l'avoient miſe. L'Auteur n'avoit fait cet article que pour expliquer pourquoi les Mahométans & les Juifs, qui n'ont pas les mêmes graces que nous, ſont auſſi invinciblement attachés à leur Religion, qu'on le ſait par expérience; le Critique l'entend autrement; *c'eſt à l'orgueil, dit-il, que l'on attribue*

tribue * *d'avoir fait paſſer les hommes de l'Idolâtrie à l'unité d'un Dieu.* Mais il n'eſt queſtion ici ni dans tout le Chapitre, d'aucun paſſage d'une Religion dans une autre ; & ſi un Chrétien ſent de la ſatisfaction à l'idée de la gloire & à la vûe de la grandeur de Dieu, & qu'on appelle cela de l'orgueil, c'eſt un très-bon orgueil.

* Page 166 de la ſeconde feuille.

MARIAGE.

VOICI une autre objection qui n'eſt pas commune; l'Auteur a fait deux Chapitres au Livre XXIII, l'un a pour titre : *Des Hommes & des Animaux par rapport à la propagation de l'eſpece*, & l'autre eſt intitulé : *Des Mariages*. Dans le premier, il a dit ces paroles : *Les femelles des animaux ont à peu près une fécondité conſtante : mais dans l'eſpece humaine, la maniere de penſer, le caractere, les paſſions,*

sions, les fantaisies, les caprices, l'idée de conserver sa beauté, l'embarras de la grossesse, celui d'une famille trop nombreuse troublent la propagation de mille manieres; & dans l'autre il a dit : *L'obligation naturelle qu'a le pere de nourrir ses enfans, a fait établir le mariage qui déclare celui qui doit remplir cette obligation.*

On dit là-dessus, *Un Chrétien rapporteroit l'institution du Mariage à Dieu même qui donna une compagne à Adam, & qui unit le premier homme à la premiere femme par un lien indissoluble avant qu'ils eussent*

 des

des enfans à nourrir, mais l'Auteur évite tout ce qui a trait à la révélation. Il répondra qu'il est Chrétien, mais qu'il n'est point imbécile; qu'il adore ces vérités, mais qu'il ne veut point mettre à tort & à travers toutes les vérités qu'il croit. L'Empereur Justinien étoit Chrétien, & son Compilateur l'étoit aussi. Eh bien! dans leurs livres de Droit que l'on enseigne aux jeunes gens dans les écoles, ils définissent le Mariage * l'union de l'homme & de la femme

* Maris & fœminæ conjunctio individuam vitæ societatem continens.

qui

qui forme une société de vie individuelle. Il n'est jamais venu dans la tête de personne de leur reprocher de n'avoir pas parlé de la révélation.

USURE.

NOus voici à l'affaire de l'Usure. J'ai peur que le Lecteur ne soit fatigué de m'entendre dire que le Critique n'est jamais au fait & ne prend jamais le sens des passages qu'il censure : il dit au sujet des Usures maritimes ; *L'Auteur ne voit rien que de juste dans les Usures maritimes ce sont ses termes* : En vérité cet Ouvrage de l'Esprit des Loix à un terrible interprete. L'Auteur a traité des Usures maritimes

maritimes au Chapitre XX; du Livre XXII; il a donc dit dans ce Chapitre que les Usures maritimes étoient justes; voyons-le.

Des Usures Maritimes.

La grandeur des Usures maritimes est fondée sur deux choses, le péril de la Mer qui fait qu'on ne s'expose à prêter son argent que pour en avoir beaucoup davantage, & la facilité que le commerce donne à l'Emprunteur de faire promptement de grandes affaires & en grand nombre, au lieu que les Usures

de

de terre n'étant fondées ſur aucune de ces deux raiſons, ſont ou preſcrites par le Légiſlateur, ou ce qui eſt plus ſenſé réduites à de juſtes bornes.

Je demande à tout homme ſenſé ſi l'Auteur vient de décider que les Uſures maritimes ſont juſtes, ou s'il a dit ſimplement que la grandeur des Uſures maritimes répugnoit moins à l'équité naturelle que la grandeur des Uſures de terre. Le Critique ne connoît que les qualités poſitives & abſolues; il ne ſait ce que c'eſt que ces termes *plus ou moins*: Si on lui

lui disoit qu'un Mulâtre est moins noir qu'un Negre, cela signifieroit selon lui qu'il est blanc comme de la neige; si on lui disoit qu'il est plus noir qu'un Européen, il croiroit encore qu'on veut dire qu'il est noir comme du charbon; mais poursuivons.

Il y a dans l'Esprit des Loix au Livre XXII quatre Chapitres sur l'Usure, dans les deux premiers qui sont le XIX & celui qu'on vient de lire l'Auteur examine l'Usure * dans le rapport qu'el-

* Usure ou intérêt signifioit la même chose chez les Romains.

le

le peut avoir avec le commerce chez les différentes Nations & dans les divers gouvernemens du monde ; ces deux Chapitres ne s'appliquent qu'à cela, les deux ſuivans ne ſont faits que pour expliquer les variations de l'Uſure chez les Romains : mais voilà qu'on érige tout-à-coup l'Auteur en Caſuiſte, en Canoniſte & en Théologien, uniquement par la raiſon que celui qui critique, eſt Caſuiſte, Canoniſte & Théologien, ou deux des trois, ou un des trois, ou peut-être dans le fond aucun des trois. L'Auteur

teur sait qu'à regarder le prêt à intérêt dans son rapport avec la Religion chrétienne; la matiere a des distinctions & des limitations sans fin, il sait que les Jurisconsultes & plusieurs Tribunaux ne sont pas toûjours d'accord avec les Casuistes & les Canonistes, que les uns admettent de certaines limitations au principe général de n'exiger jamais d'intérêt, & que les autres en admettent de plus grandes, quand toutes ces questions auroient appartenu à son sujet, ce qui n'est pas, comment auroit-il pû

les

les traiter ? On a bien de la peine à ſavoir ce qu'on a beaucoup étudié, encore moins ſait-on ce qu'on n'a étudié de ſa vie : mais les Chapitres mêmes que l'on employe contre lui, prouvent aſſez qu'il n'eſt qu'Hiſtorien & Juriſconſulte, liſons les Chapitre XIX. *

L'argent eſt le ſigne des valeurs. Il eſt clair que celui qui a beſoin de ce ſigne, doit le loüer comme il fait toutes les choſes dont il peut avoir beſoin ; toute la différence eſt que les autres choſes peuvent ou ſe loüer

* Livre XXII.

ou s'acheter, au lieu que l'argent qui est le prix des choses se loue & ne s'achete pas.

C'est bien une action très-bonne de prêter à un autre son argent sans intérêt, mais on sent que ce ne peut être qu'un conseil de Religion & non une Loi civile.

Pour que le commerce puisse se bien faire, il faut que l'argent ait un prix, mais que ce prix soit peu considérable, s'il est trop haut, le Négociant qui voit qu'il lui en coûteroit plus en intérêts qu'il ne pourroit gagner dans son commerce, n'entreprend rien. Si l'argent n'a point de prix, perſonne n'en prête & le Négociant n'entreprend rien non plus.

Je me trompe quand je dis que perſonne n'en prête; il faut toûjours que les affaires de la Société aillent; l'Uſure s'établit, mais avec les déſordres que l'on a éprouvés dans tous les tems.

La Loi de Mahomet confond l'Uſure avec le prêt à intérêt, l'Uſure augmente dans les pays mahométans à proportion de la ſévérité de la défenſe, le Prêteur s'indemniſe du péril de la contravention.

Dans ces pays d'Orient la plûpart

part des hommes n'ont rien d'assûré, il n'y a presque point de rapport entre la possession actuelle d'une somme & l'espérance de la ravoir après l'avoir prêtée. L'Usure y augmente donc à proportion du péril de l'insolvabilité.

Ensuite viennent le Chapitre, *Des Usures Maritimes*, que j'ai rapporté ci-dessus, & le Chapitre XXI qui traite *Du prêt par contrat & de l'Usure chez les Romains*, que voici.

Outre le prêt fait pour le commerce, il y a encore une espece de prêt, fait par un con-

trat civil, d'où résulte un intérêt ou Usure.

Le peuple chez les Romains augmentant tous les jours sa puissance, les Magistrats chercherent à le flater & à lui faire faire les Loix qui lui étoient les plus agréables. Il retrancha les capitaux, il diminua les intérêts, il défendit d'en prendre, il ôta les contraintes par corps; enfin l'abolition des dettes fut mise en question, toutes les fois qu'un Tribun voulut se rendre populaire.

Ces continuels changemens, soit par des Loix, soit par des Plébiscites naturaliserent à Rome me l'Usure : car les créanciers voyant le Peuple leur débiteur, leur Législateur & leur Juge, n'eurent plus de confiance dans les contrats ; le Peuple comme un débiteur décrédité ne tentoit à lui prêter que par de gros profits, d'autant plus que si les Loix ne venoient que de tems en tems, les plaintes du Peuple étoient continuelles, & intimidoient toûjours les créanciers. Cela fit que tous les moyens honnêtes de prêter & d'emprunter furent abolis à Rome, & qu'une Usure affreuse toûjours foudroyée & toûjours renaissante s'y établit.

Cicéron nous dit que de son tems on prêtoit à Rome à trente-quatre pour cent, & à quarante huit pour cent dans les Provinces; ce mal venoit encore un coup de ce que les Loix n'avoient pas été ménagées, les Loix extrèmes dans le bien font naître le mal extrème: il fallut payer pour le prêt de l'argent & pour le danger des peines de la Loi. L'Auteur n'a donc parlé du prêt à intérêt que dans ſon rapport avec le commerce des divers Peuples, ou avec les Loix civiles des Romains, & cela eſt ſi vrai, qu'il a diſtingué au ſecond article

article du Chapitre XIX les établissemens des Législateurs de la Religion d'avec ceux des Législateurs politiques ; s'il avoit parlé là nommément de la Religion chrétienne ayant un autre sujet à traiter, il auroit employé d'autres termes ; & fait ordonner à la Religion chrétienne ce qu'elle ordonne, & conseiller ce qu'elle conseille, il auroit distingué avec les Théologiens les cas divers, il auroit posé toutes les limitations que les principes de la Religion chrétienne laissent à cette Loi générale, établie

établie quelquefois chez les Romains & toûjours chez les Mahométans : *Qu'il ne faut jamais dans aucun cas & dans aucune circonſtance recevoir d'intérêt pour de l'argent.* L'Auteur n'avoit pas ce ſujet à traiter ; mais celui-ci qu'une défenſe générale, illimitée, indiſtincte & ſans reſtriction perd le commerce chez les Mahométans, & penſa perdre la République chez les Romains ; d'où il ſuit que parce que les Chrétiens ne vivent pas ſous ces termes rigides, le commerce n'eſt point détruit chez eux

eux, & que l'on ne voit point dans leurs Etats ces Usures affreuses qui s'exigent chez les Mahométans & que l'on extorquoit autrefois chez les Romains.

L'Auteur a employé les Chapitres * XXI & XXII à examiner quelles furent les Loix chez les Romains au sujet du prêt par contrat dans les divers tems de leur République; son Critique quitte un moment les bancs de Théologie, & se tourne du côté de l'érudition. On va voir qu'il se trompe encore

* Livre XXII.

dans ſon érudition, & qu'il n'eſt pas ſeulement au fait de l'état des queſtions qu'il traite ; liſons le Chap. * XXII.

Tacite dit que la Loi des douze Tables fixa l'intérêt à un pour cent par an, il eſt viſible qu'il s'eſt trompé, & qu'il a pris pour la Loi des douze Tables une autre Loi dont je vais parler. Si la Loi des douze Tables avoit réglé cela, comment dans les diſputes qui s'éleverent depuis entre les créanciers & les débiteurs ne ſe ſeroit-on pas ſervi de ſon autorité ? On ne trouve aucun veſtige de cette Loi ſur le prêt à intérêt, & pour peu qu'on

* Livre XXII.

ſoit verſé dans l'Hiſtoire de Rome, on verra qu'une Loi pareille ne pouvoit point être l'ouvrage des Décemvirs. Et un peu après l'Auteur ajoûte : *L'an 398 de Rome les Tribuns Duellius & Ménénius firent paſſer une Loi qui réduiſoit les intérêts à un pour cent par an. C'eſt cette Loi que Tacite confond avec la Loi des douze Tables, & c'eſt la premiere qui ait été faite chez les Romains pour fixer le taux de l'intérêt*, &c. Voyons à préſent.

L'Auteur a dit que Tacite s'eſt trompé en diſant que la Loi des douze Tables

 ayoit

avoit fixé l'Usure chez les Romains ; il a dit que Tacite a pris pour la Loi des douze Tables une Loi qui fut faite par les Tribuns Duellius & Menenius environ 95 ans après la Loi des douze Tables, & que cette Loi fut la premiere qui fixa à Rome le taux de l'Usure. Que lui dit-on ? Tacite ne s'est pas trompé ; il a parlé de l'Usure à un pour cent par mois, & non pas de l'Usure à un pour cent par an. Mais il n'est pas question ici du taux de l'Usure ; il s'agit de savoir si la Loi des douze Tables

bles a fait quelque disposition quelconque sur l'Usure. L'Auteur dit que Tacite s'est trompé, parce qu'il a dit que les Décemvirs dans la Loi des 12 Tables avoient fait un Reglement pour fixer le taux de l'Usure : & là-dessus le Critique dit, que Tacite ne s'est pas trompé, parce qu'il a parlé de l'Usure à un pour cent par mois, & non pas à un pour cent par an. J'avois donc raison de dire que le Critique ne fait pas l'état de la question.

Mais il en reste une autre, qui est de savoir si la Loi quelconque dont parle Tacite, te, fixa l'Usure à un pour cent par an, comme l'a dit l'Auteur ; ou bien à un pour cent par mois, comme le dit le Critique. La prudence vouloit qu'il n'entreprît pas une dispute avec l'Auteur sur les Loix Romaines sans connoître les Loix Romaines ; qu'il ne lui niât pas un fait qu'il ne savoit pas, & dont il ignoroit même les moyens de s'éclaircir. La question étoit de savoir ce que Tacite avoit entendu par ces mots *Unciarium* * *fœnus* : il ne lui falloit

* Nam primò duodecim tabulis sanctum, ne quis unciario fœnore ampliùs exerceret. *Annales*, *Liv.* 6.

qu'ouqu'ouvrir les Dictionnaires; il auroit trouvé dans celui de Calvinus ou Kahl* que l'Usure onciere étoit d'un pour cent

* Usurarum species ex assis partibus denominantur : quod ut intelligatur, illud scire oportet, sortem omnem ad centenarium numerum revocari ; summam autem usuram esse, cùm pars sortis centesima singulis mensibus persolvitur. Et quoniam istâ ratione summa hæc usura duodecim aureos annuos in centenos efficit, duodenarius numerus Jurisconsultos movit, ut assem hunc usurarium appellarent. Quemadmodum hic as, non ex menstruâ, sed ex annuâ pensione æstimandus est ; similiter omnes ejus partes ex anni ratione intelligendæ sunt : ut si unus in centenos annuatim pendatur, unciaria usura ; si bini, sextans ; si terni, quadrans ; si quaterni, triens ; si quini, quinqunx ; si seni, semis ; si septeni,

 par

par an, & non pas d'un pour cent par mois. Vouloit-il consulter les Savans : il auroit trouvé la même chose dans Saumaise *,

Testis mearum centimanus Gigas
Sententiarum. **

septunx ; si octoni, bes ; si novem, dodrans ; si deni, dextrans ; si undeni, deunx ; si duodeni, as. *Lexicon Joannis Calvini*, *aliàs Kahl*, Coloniæ Allobrogum, anno 1622, apud Petrum Balduinum, *in verbo* Usura, p. 960.

* De modo usurarum, Lugduni Batavorum, ex officinâ Elseviriorum, anno 1639, p. 269, 270, & 271 ; *& sur-tout ces mots :* Unde veriùs sit unciarium fœnus eorum, vel uncias usuras, ut eas quoque appellatas infrà ostendam, non unciam dare menstruam in centum, sed annuam.

** Horace, Ode.

Remon-

Remontoit-il aux ſources : il auroit trouvé là-deſſus des textes clairs dans les livres * de Droit ; il n'auroit point brouillé toutes les idées , il eût diſtingué les tems & les occaſions où l'Uſure onciere ſignifioit un pour cent par mois , d'avec les tems & les occaſions où elle ſignifioit un pour cent par an ; & il n'auroit pas pris le douzieme de la centeſime pour la centeſime.

Lorſqu'il n'y avoit point de Loix ſur le taux de l'Uſu-

* Argumentum Legis 47 , §. Præfectus Legionis, ff. de adminiſt. & periculo tutoris.

re chez les Romains, l'usage le plus ordinaire étoit que les Usuriers prenoient douze onze de cuivre sur cent onces qu'ils prêtoient, c'est-à-dire, douze pour cent par an; & comme un as valoit douze onces de cuivre, les Usuriers retiroient chaque année un as sur cent onces: & comme il falloit souvent compter l'Usure par mois, l'Usure de six mois fut appellée *semis* ou la moitié de l'as, l'Usure de quatre mois fut appellée *triens* ou le tiers de l'as, l'Usure pour trois mois fut appellée *quadrans* ou le quart

quart de l'as; & enfin l'Usure pour un mois fut appellée *unciaria* ou le douzieme de l'as: de sorte que comme on levoit une once chaque mois sur cent onces qu'on avoit prêtées, cette Usure onciere, ou d'un pour cent par mois, ou douze pour cent par an, fut appellée Usure centesime. Le Critique a eu connoissance de cette signification de l'Usure centesime, & il l'a appliquée très-mal.

On voit que tout ceci n'étoit qu'une espece de Méthode, de formule ou de regle entre le débiteur & le créan-

créancier, pour compter leurs Usures, dans la supposition que l'Usure fut à douze pour cent par an, ce qui étoit l'usage le plus ordinaire : & si quelqu'un avoit prêté à dix-huit pour cent par an, on se seroit servi de la même méthode, en augmentant d'un tiers l'Usure de chaque mois ; de sorte que l'Usure onciere auroit été d'une once & demie par mois.

Quand les Romains firent des Loix sur l'Usure, il ne fut point question de cette méthode qui avoit servi & qui servoit encore aux débi-

teurs

teurs & aux créanciers pour la diviſion du tems & la commodité du payement de leurs Uſures. Le Légiſlateur avoit un reglement public à faire ; il ne s'agiſſoit point de partager l'Uſure par mois , il avoit à fixer & il fixa l'Uſure par an. On continua à ſe ſervir des termes tirés de la diviſion de l'as, ſans y appliquer les mêmes idées ; ainſi l'Uſure onciere ſignifia un pour cent par an , l'Uſure *ex quadrante* ſignifia trois pour cent par an, l'Uſure *ex triente* quatre pour cent par an, l'Uſure *ſemis* ſix pour cent

cent par an ; & ſi l'Uſure onciere avoit ſignifié un pour cent par mois, les Loix qui les fixerent *ex quadrante, ex triente, ex ſemiſe*, auroient fixé l'Uſure à trois pour cent, à quatre pour cent, à ſix pour cent par mois; ce qui auroit été abſurde, parce que les Loix faites pour réprimer l'Uſure auroient été plus cruelles que les Uſuriers.

Le Critique a donc confondu les eſpeces des choſes : mais j'ai intérêt de rapporter ici ſes propres paroles, afin qu'on ſoit bien convaincu que l'intrépidité avec laquelle

quelle il parle, ne doit imposer à personne ; les voici : * *Tacite ne s'est point trompé, il parle de l'intérêt à un pour cent par mois & l'Auteur s'est imaginé qu'il parle d'un pour cent par an. Rien n'est si connu que le centesime qui se payoit à l'Usurier tous les mois. Un homme qui écrit deux volumes in-4°. sur les Loix, devroit-il l'ignorer ?*

Que cet homme ait ignoré ou n'ait pas ignoré ce centesime, c'est une chose très-indifférente : mais il ne l'a

* Feuille du 9 Octobre 1749. page 164.

pas

pas ignoré, puiſqu'il en a parlé en trois endroits. Mais comment en a-t'il parlé ? & où en a-t'il parlé *? Je pourrois bien défier le Critique de le deviner, parce qu'il n'y trouveroit point les mêmes termes & les mêmes expreſſions qu'il ſait.

Il n'eſt pas queſtion ici de ſavoir ſi l'Auteur de l'Eſprit des Loix a manqué d'érudition ou non, mais de défendre ſes Autels. ** Cependant il a fallu faire voir au Public que le Critique prenant un ton ſi déciſif ſur des choſes

* La troiſieme & la derniere Note Chapitre XXII Livre XXII, & le texte de la troiſieme Note. ** *Pro Aris.*

qu'il

qu'il ne ſait pas, & dont il doute ſi peu qu'il n'ouvre pas même un Dictionnaire pour ſe raſſûrer, ignorant les choſes & accuſant les autres d'ignorer ſes propres erreurs, il ne mérite pas plus de confiance dans les autres accuſations. Ne peut-on pas croire que la hauteur & la fierté du ton qu'il prend par tout, n'empêche en aucune maniere qu'il n'ait tort ? que quand il s'échauffe, cela ne veut pas dire qu'il n'ait tort ? que quand il anathématiſe avec ces mots d'impie & de ſectateur de la Religion naturelle, on peut encore croire qu'il a tort ? qu'il faut bien se garder de recevoir les impressions que pourroit donner l'activité de son esprit & l'impétuosité de son style ? que dans ses deux écrits, il est bon de séparer ses injures de ses raisons, mettre ensuite à part ses raisons qui sont mauvaises, après quoi il ne restera plus rien?

L'Auteur, aux Chapitres du prêt à intérêt & de l'Usure chez les Romains, traitant ce sujet sans doute le plus important de leur histoire, ce sujet qui tenoit tellement à la constitution qu'elle le pensa mille fois en être renversée; parlant des Loix qu'ils firent par désespoir, de celles où ils suivirent leur prudence, des reglemens qui n'étoient que pour un tems, de ceux qu'ils firent pour toûjours, dit vers la fin du Chapitre XXII : *L'an 398 de Rome, les Tribuns Duellius & Menenius firent passer une Loi qui réduisoit les intérêts à un pour cent par an . . . . Dix ans après, cette usure fut réduite à la moitié; dans la suite on l'ôta tout-à-fait. . . . . . .*

Il en fut de cette Loi comme

de toutes celles où le Législateur a porté les choses à l'excès ; on trouva une infinité de moyens de l'éluder ; il en falut faire beaucoup d'autres pour la confirmer, corriger, tempérer : tantôt on quitta les Loix pour suivre les Usages, tantôt on quitta les Usages pour suivre les Loix. Mais dans ce cas l'Usage devoit aisément prévaloir. Quand un homme emprunte, il trouve un obstacle dans la Loi même qui est faite en sa faveur : cette Loi a contre elle & celui qu'elle secoure & celui qu'elle condamne. Le Préteur Sempronius Asellus ayant permis aux débiteurs d'agir

gir en conséquence des Loix, fut tué par les Créanciers, pour avoir voulu rappeller la mémoire d'une rigidité qu'on ne pouvoit plus soûtenir.

Sous Sylla, Lucius Valerius Flaccus fit une Loi qui permettoit l'intérêt à trois pour cent par an; cette Loi la plus équitable, & la plus modérée de celles que les Romains firent à cet égard, Paterculus la désapprouve. Mais si cette Loi étoit nécessaire à la République, si elle étoit utile à tous les particuliers, si elle formoit une communication d'aisance entre le débiteur & l'emprunteur, elle n'étoit point injuste.

Celui-là paye moins, dit Ulpien, qui paye plus tard : cela décide la question si l'intérêt est légitime, c'est-à-dire si le créancier peut vendre le tems, & le débiteur l'acheter.

Voici comment le Critique raisonne sur ce dernier passage qui se rapporte uniquement à la Loi de Flaccus & aux dispositions politiques des Romains. L'Auteur, dit-il, en résumant tout ce qu'il a dit de l'Usure, soûtient qu'il est permis à un créancier de vendre le tems. On diroit, à entendre le Critique, que l'Auteur vient de faire un

Traité de Théologie, ou de Droit Canon, & qu'il résume ensuite ce Traité de Théologie & de Droit Canon; pendant qu'il est clair qu'il ne parle que des dispositions politiques des Romains, de la Loi de Flaccus, & de l'opinion de Paterculus; desorte que cette Loi de Flaccus, l'opinion de Paterculus, la réflexion d'Ulpien, celle de l'Auteur, se tiennent & ne peuvent pas se séparer.

J'aurois encore bien des choses à dire; mais j'aime mieux renvoyer aux feuilles mêmes

mêmes. *Croyez-moi, mes chers Pisons, elles ressemblent à un Ouvrage qui , comme les songes d'un malade, ne fait voir que des phantômes vains.* *

* Credite, Pisones, isti tabulæ fore librum
Persimilem, cujus, velut ægri somnia, vanæ
Fingentur species.

Horat. de Arte Poëticâ.

DÉFENSE
DE
L'ESPRIT DES LOIX.

TROISIEME PARTIE.

ON a vû dans les deux premieres parties, que tout ce qui résulte de tant de Critiques ameres est ceci, que l'Auteur de l'Esprit des Loix n'a point fait son ouvrage suivant le plan & les vûes de ses Critiques ; & que si ses Critiques avoient fait un ouvrage ſur le même ſujet, ils y auroient mis un très-grand nombre de choſes qu'ils ſavent. Il en réſulte encore qu'ils ſont Théologiens, & que l'Auteur eſt Juriſconſulte ; qu'ils ſe croyent en état de faire ſon métier, & que lui ne ſe ſent pas propre à faire le leur. Enfin, il en réſulte qu'au lieu de l'attaquer avec tant d'aigreur, ils auroient mieux fait de ſentir eux-mêmes le prix des choſes qu'il a dites en faveur de la religion, qu'il a également reſpectée & défendue : il me reſte à faire quelques réflexions.

CETTE

CETTE maniere de raisonner n'est pas bonne, qui, employée contre quelque bon Livre que ce soit, peut le faire paroître aussi mauvais, que quelque mauvais Livre que ce soit; & qui pratiquée contre quelque mauvais Livre que ce soit, peut le faire paroître aussi bon, que quelque bon Livre que ce soit.

CETTE maniere de raisonner n'est pas bonne, qui, aux choses dont il s'agit en rappelle d'autres, qui ne sont point accessoires, & qui confond les diverses sciences,

& les idées de chaque ſcience.

Il ne faut point argumente sur un ouvrage fait ſur une ſcience, par des raiſons qui pourroient attaquer la ſcience même.

Quand on critique un ouvrage, & un grand ouvrage, il faut tâcher de ſe procurer une connoiſſance particuliere de la ſcience qui y eſt traitée, & bien lire les Auteurs approuvés qui ont déjà écrit ſur cette ſcience, afin de voir ſi l'Auteur s'eſt écarté de la maniere reçûe & ordinaire de la traiter.

Lorsqu'un

LORSQU'UN Auteur s'explique par ſes paroles, ou par ſes écrits qui en ſont l'image, il eſt contre la raiſon de quitter les ſignes extérieurs de ſes penſées, pour chercher ſes penſées, parce qu'il n'y a que lui qui ſache ſes penſées : c'eſt bien pis, lorſque ſes penſées ſont bonnes, & qu'on lui en attribue de mauvaiſes.

QUAND on écrit contre un Auteur, & qu'on s'irrite contre lui, il faut prouver les qualifications par les choſes, & non pas les choſes par les qualifications.

Quand on voit dans un Auteur une bonne intention générale, on ſe trompera plus rarement, ſi ſur certains endroits qu'on croit équivoques, on juge ſuivant l'intention générale, que ſi on lui prête une mauvaiſe intention particuliere.

Dans les Livres faits pour l'amuſement, trois ou quatre pages donnent l'idée du ſtyle, & des agrémens de l'ouvrage: dans les Livres de raiſonnement, on ne tient rien, ſi on ne tient toute la chaîne.

Comme il eſt très-difficile de

de faire un bon ouvrage, & très-aisé de le critiquer, parce que l'Auteur a eu tous les défilés à garder, & que le Critique n'en a qu'un à forcer; il ne faut point que celui-ci ait tort : & s'il arrivoit qu'il eût continuellement tort, il seroit inexcusable.

D'AILLEURS, la critique pouvant être considérée comme une ostentation de sa supériorité sur les autres, & son effet ordinaire étant de donner des momens délicieux pour l'orgueil humain, ceux qui s'y livrent méritent bien toûjours de l'équité, mais rarement de l'indulgence.

Et comme de tous les genres d'écrire, elle est celui dans lequel il est plus difficile de montrer un bon naturel, il faut avoir attention à ne point augmenter par l'aigreur des paroles la tristesse de la chose.

Quand on écrit sur les grandes matieres, il ne suffit pas de consulter son zèle, il faut encore consulter ses lumieres; & si le Ciel ne nous a pas accordé de grands talens, on peut y suppléer par la défiance de soi-même, l'exactitude, le travail, & les réflexions.

Cet art de trouver dans une chose, qui naturellement a un bon sens, tous les mauvais sens qu'un esprit qui ne raisonne pas juste peut leur donner, n'est point utile aux hommes : ceux qui le pratiquent, ressemblent aux Corbeaux, qui fuient les corps vivans, & volent de tous côtés pour chercher des cadavres.

Une pareille maniere de critiquer produit deux grands inconvéniens : le premier, c'est qu'elle gâte l'esprit des lecteurs, par un mélange du vrai & du faux, du bien & du mal ; ils s'accoûtument à chercher un mauvais sens dans les choses, qui naturellement en ont un très-bon ; d'où il leur est aisé de passer à cette disposition, de chercher un bon sens dans les choses, qui naturellement en ont un mauvais ; on leur fait perdre la faculté de raisonner juste, pour les jetter dans les subtilités d'une mauvaise dialectique. Le second mal est, qu'en rendant par cette façon de raisonner les bons Livres suspects, on n'a point d'autres armes,

armes, pour attaquer les mauvais ouvrages : de ſorte, que le Public n'a plus de regles pour les diſtinguer. Si l'on traite de Spinoſiſtes & de Déiſtes ceux qui ne le ſont pas, que dira-t-on à ceux qui le ſont ?

QUOIQUE nous devions penſer aiſément, que les gens qui écrivent contre nous, ſur des matieres qui intéreſſent tous les hommes, y ſont déterminés par la force de la charité chrétienne ; cependant, comme la nature de cette vertu eſt de ne pouvoir guere

guere ſe cacher, qu'elle ſe montre en nous malgré nous, & qu'elle éclate & brille de toutes parts ; s'il arrivoit que dans deux écrits faits contre la même perſonne, coup ſur coup, on n'y trouvât aucune trace de cette charité, qu'elle n'y parût dans aucune phraſe, dans aucun tour, aucune parole, aucune expreſſion ; celui qui auroit écrit de pareils ouvrages, auroit un juſte ſujet de craindre de n'y avoir pas été porté par la charité chrétienne.

Et comme les vertus purement

rement humaines, ſont en nous l'effet de ce que l'on appelle un bon naturel; s'il étoit impoſſible d'y découvrir aucun veſtige de ce bon naturel, le Public pourroit en conclurre, que ces écrits ne ſeroient pas même l'effet des vertus humaines.

AUX yeux des hommes, les actions ſont toûjours plus ſinceres que les motifs; & il leur eſt plus facile de croire, que l'action de dire des injures atroces eſt un mal, que de ſe perſuader que le motif qui les a fait dire eſt un bien.

QUAND

QUAND un homme tient à un état, qui fait respecter la religion, & que la religion fait respecter, & qu'il attaque devant les gens du monde, un homme qui vit dans le monde; il est essentiel qu'il maintienne, par sa maniere d'agir, la supériorité de son caractere. Le monde est très-corrompu; mais il y a de certaines passions, qui s'y trouvent très-contraintes; il y en a de favorites, qui défendent aux autres de paroître. Considérez les gens du monde entr'eux, il n'y a rien de si timide: c'est l'orgueil qui n'ose pas dire ſes ſecrets, & qui dans les égards qu'il a pour les autres ſe quitte pour ſe reprendre. Le chriſtianiſme nous donne l'habitude de ſoûmettre cet orgueil, le monde nous donne l'habitude de le cacher : avec le peu de vertus que nous avons, que deviendrions-nous, ſi toute notre ame ſe mettoit en liberté, & ſi nous n'étions pas attentifs aux moindres paroles, aux moindres ſignes, aux moindres geſtes ? Or, quand des hommes d'un caractere reſpecté manifeſtent des emportemens, que les gens du

monde

monde n'oſeroient mettre au jour, ceux-ci commencent à ſe croire meilleurs qu'ils ne ſont en effet ; ce qui eſt un très-grand mal.

NOUS autres gens du monde, ſommes ſi foibles, que nous méritons extrèmement d'être ménagés. Ainſi, lorſqu'on nous fait voir toutes les marques extérieures des paſſions violentes, que veut-on que nous penſions de l'intérieur ? Peut-on eſpérer, que nous, avec notre témérité ordinaire de juger, ne jugions pas ?

On peut avoir remarqué dans les disputes & les conversations, ce qui arrive aux gens, dont l'esprit est dur & difficile : comme ils ne combattent pas pour s'aider les uns les autres, mais pour se jetter à terre, ils s'éloignent de la vérité, non pas à proportion de la grandeur ou de la petitesse de leur esprit, mais de la bisarrerie ou de l'inflexibilité plus ou moins grande de leur caractere. Le contraire arrive à ceux à qui la nature ou l'éducation ont donné de la douceur : comme leurs disputes sont des secours mutuels, qu'ils concourrent au même objet, qu'ils ne pensent différemment que pour parvenir à penser de même, ls trouvent la vérité à proportion de leurs lumieres : c'est la récompense d'un bon naturel.

QUAND un homme écrit sur les matieres de religion, il ne faut pas qu'il compte tellement sur la piété de ceux qui le lisent, qu'il dise des choses contraires au bon sens ; parce que, pour s'accréditer auprès de ceux qui ont plus de piété que de lumieres, il se décrédite auprès de ceux qui ont plus de lumieres que de piété.

Et comme la religion se défend beaucoup par elle-même, elle perd plus lorsqu'elle est mal défendue, que lorsqu'elle n'est point du tout défendue.

S'il arrivoit qu'un homme, après avoir perdu ses lecteurs, attaquât quelqu'un qui eût quelque réputation, & trouvât par-là le moyen de se faire lire; on pourroit peut-être soupçonner, que sous prétexte de sacrifier cette victime à la religion, il la ſacrifieroit à ſon amour propre.

La maniere de critiquer, dont nous parlons, eſt la choſe du monde la plus capable de borner l'étendue, & de diminuer, ſi j'oſe me ſervir de ce terme, la ſomme du génie national. La Théologie a ſes bornes, elle a ſes formules ; parce que les vérités qu'elle enſeigne étant connues, il faut que les hommes s'y tiennent : & on doit les empêcher de s'en écarter ; c'eſt là qu'il ne faut pas que le génie prenne l'eſſor : on le circonſcrit,

circonſcrit, pour ainſi dire; dans une enceinte. Mais c'eſt ſe moquer du monde de vouloir mettre cette même enceinte, autour de ceux qui traitent les ſciences humaines. Les principes de la Géométrie ſont très-vrais : mais ſi on les appliquoit à des choſes de goût, on feroit déraiſonner la raiſon même. Rien n'étouffe plus la doctrine, que de mettre à toutes les choſes une robe de docteur : les gens qui veulent toûjours enſeigner, empêchent beaucoup d'apprendre ; il n'y a point de génie qu'on ne retréciſſe, lorſqu'on l'enveloppera d'un million de ſcrupules vains. Avez-vous les meilleures intentions du monde : on vous forcera vous-même d'en douter ; vous ne pouvez plus être occupé à bien dire, quand vous êtes ſans ceſſe effrayé par la crainte de dire mal, & qu'au-lieu de ſuivre votre penſée, vous ne vous occupez que des termes, qui peuvent échapper à la ſubtilité des critiques. On vient nous mettre un beguin ſur la tête, pour nous dire à chaque mot, Prenez garde de tomber : vous voulez parler comme vous, je je veux que vous parliez comme moi. Va-t'on prendre l'essor, ils vous arrêtent par la manche ; a-t'on de la force & de la vie, on vous l'ôte à coups d'épingles ; vous élevez-vous un peu, voilà des gens qui prennent leur pied, ou leur toise, levent la tête, & vous crient de descendre pour vous mesurer ; courez-vous dans votre carriere, ils voudront que vous regardiez toutes les pierres, que les fourmies ont mises sur votre chemin : il n'y a ni science, ni littérature, qui puisse résister à ce pédantisme. Notre

siecle

siecle a formé des Académies, on voudra nous faire rentrer dans les Ecoles des ſiecles ténébreux. Deſcartes eſt bien propre à raſſûrer ceux qui, avec un génie infiniment moindre que le ſien, ont d'auſſi bonnes intentions que lui : ce grand homme fut ſans ceſſe accuſé d'athéiſme, & l'on n'emploie pas aujourd'hui contre les Athées, de plus forts argumens que les ſiens.

Du reſte, nous ne devons regarder les critiques comme perſonnelles, que dans les cas où ceux qui les font, ont

voulu

voulu les rendre telles. Il eſt très-permis de critiquer les ouvrages qui ont été donnés au Public, parce qu'il ſeroit ridicule, que ceux qui ont voulu éclairer les autres, ne vouluſſent pas être éclairés eux-mêmes. Ceux qui nous avertiſſent, ſont les compagnons de nos travaux : ſi le Critique & l'Auteur cherchent la vérité, ils ont le même intérêt ; car la vérité eſt le bien de tous les hommes : ils ſeront des confédérés, & non pas des ennemis.

C'EST avec grand plaiſir;

que je quitte la plume : on auroit continué à garder le ſilence, ſi, de ce qu'on le gardoit, pluſieurs perſonnes n'avoient conclu qu'on y étoit réduit.

FIN.

ECLAIRCISSEMENS

SUR

L'ESPRIT

DES LOIX.

ECLAIRCISSEMENS.

I.

QUELQUES personnes ont fait cette objection. Dans le Livre de l'Esprit des Loix, c'est l'honneur ou la crainte qui sont le principe de certains gouvernemens, non pas la vertu ; & la vertu n'est le principe que de quelques autres : donc les vertus chrétiennes ne sont pas requises dans la plûpart des gouvernemens.

VOICI

VOICI la réponſe : L'Auteur a mis cette note au Chapitre V du Livre troiſieme : *Je parle ici de la vertu politique, qui eſt la vertu morale, dans le ſens qu'elle ſe dirige au bien général ; fort peu des vertus morales particulieres ; & point du tout de cette vertu, qui a du rapport aux vérités révélées.* Il y a au Chapitre ſuivant, une autre note qui renvoie à celle-ci : & aux Chapitres II & III du Livre cinquieme, l'Auteur a défini ſa vertu, *l'amour de la patrie.* Il définit l'amour de la patrie, *l'amour de l'égalité, & de la frugalité.* Tout le

Livre

Livre cinquieme pose sur ces principes. Quand un Ecrivain a défini un mot dans son ouvrage, quand il a donné, pour me servir de cette expression, son Dictionnaire, ne faut-il pas entendre ses paroles, suivant la signification qu'il leur a donnée ?

Le mot de vertu, comme la plûpart des mots de toutes les langues, est pris dans diverses acceptions ; tantôt il signifie les vertus chrétiennes, tantôt les vertus payennes ; souvent une certaine vertu chrétienne, ou bien une certaine vertu payenne ; quelquefois la force, quelquefois dans quelque langue une certaine capacité pour un art ou de certains arts. C'eſt ce qui précede ou ce qui ſuit ce mot, qui en fixe la ſignification. Ici l'Auteur a fait plus ; il a donné pluſieurs fois ſa définition. On n'a donc fait l'objection, que parce qu'on a lû l'ouvrage avec trop de rapidité.

I I.

L'AUTEUR a dit au Livre ſecond Chapitre troiſieme : *La meil-*

meilleure Aristocratie est celle, où la partie du peuple, qui n'a point de part à la puissance, est si petite & si pauvre, que la partie dominante n'a aucun intérêt à l'opprimer: Ainsi quand Antipater (*) *établit à Athenes, que ceux qui n'auroient pas deux mille drachmes seroient exclus du droit de suffrage, il forma la meilleure Aristocratie qui fût possible; parce que ce cens étoit si petit, qu'il n'excluoit que peu de gens, & personne qui eût quelque considération dans la Cité. Les familles Aristocratiques doivent donc*

(*) Diodore, Livre XVIII, page 601, Edit. de Rhodoman.

être peuple autant qu'il est possible. Plus une Aristocratie approchera de la Démocratie, plus elle sera parfaite; & elle le deviendra moins, à mesure qu'elle approchera de la Monarchie.

DANS une Lettre insérée dans le Journal de Trevoux du mois d'Avril 1749, on a objecté à l'Auteur sa citation même: on a, dit-on, devant les yeux l'endroit cité; & on y trouve, qu'il n'y avoit que neuf mille personnes, qui eussent le cens prescrit par Antipater; qu'il y en avoit ving-deux mille, qui ne l'avoient pas: d'où l'on l'on conclut que l'Auteur applique mal ses citations, puisque dans cette République d'Antipater le petit nombre étoit dans le cens, & que le grand nombre n'y étoit pas.

RE'PONSE.

IL eût été à desirer, que celui qui a fait cette critique eût fait plus d'attention, & à ce qu'a dit l'Auteur, & à ce qu'a dit Diodore.

IL n'y avoit point vingt-deux mille personnes, qui n'eussent pas le cens dans la République d'Antipater; les vingt-

vingt-deux mille personnes, dont parle Diodore, furent reléguées & établies dans la Thrace; & il ne resta pour former cette République, que les neuf mille Citoyens qui avoient le cens, & ceux du bas Peuple qui ne voulurent pas partir pour la Thrace. Le Lecteur peut consulter Diodore.

2°. QUAND il seroit resté à Athénes vingt-deux mille personnes qui n'auroient pas eu le cens, l'objection n'en seroit pas plus juste. Les mots de *grand* & de *petit* sont relatifs.

tifs. Neuf mille Souverains dans un Etat font un nombre immenſe, & vingt-deux mille ſujets dans le même Etat font un nombre infiniment petit.

FIN.

www.ingramcontent.com/pod-product-compliance
Ingram Content Group UK Ltd.
Pitfield, Milton Keynes, MK11 3LW, UK
UKHW021138260726
13994UKWH00001B/195